Horoskop und Seele

eine neue Art,
ein Horoskop zu formulieren

Bücher von Harry Eilenstein:

- Astrologie (496 S.)
- Photo-Astrologie (428 S.)
- Horoskop und Seele (120 S.)
- Tarot (104 S.)
- Handbuch für Zauberlehrlinge (408 S.)
- Physik und Magie (184 S.)
- Der Lebenskraftkörper (230 S.)
- Die Chakren (100 S.)
- Meditation (140 S.)
- Drachenfeuer (124 S.)
- Krafttiere – Tiergöttinnen – Tiertänze (112 S.)
- Schwitzhütten (524 S.)
- Totempfähle (440 S.)
- Muttergöttin und Schamanen (168 S.)
- Göbekli Tepe (472 S.)
- Hathor und Re:
    Band 1: Götter und Mythen im Alten Ägypten (432 S.)
    Band 2: Die altägyptische Religion – Ursprünge, Kult und Magie (396 S.)
- Isis (508 S.)
- Die Entwicklung der indogermanischen Religionen (700 S.)
- Wurzeln und Zweige der indogermanischen Religion (224 S.)
- Der Kessel von Gundestrup (220 S.)
- Cernunnos (690 S.)
- Christus (60 S.)
- Odin (300 S.)
- Die Götter der Germanen (Band 1 – 80)
- Dakini (80 S.)
- Kursus der praktischen Kabbala (150 S.)
- Eltern der Erde (450 S.)
- Blüten des Lebensbaumes:
    Band 1: Die Struktur des kabbalistischen Lebensbaumes (370 S.)
    Band 2: Der kabbalistische Lebensbaum als Forschungshilfsmittel (580 S.)
    Band 3: Der kabbalistische Lebensbaum als spirituelle Landkarte (520 S.)
- Über die Freude (100 S.)
- Das Geheimnis des inneren Friedens (252 S.)
- Von innerer Fülle zu äußerem Gedeihen (52 S.)
- Das Beziehungsmandala (52 S.)
- Die Symbolik der Krankheiten (76 S.)

- König Athelstan (104 S.)

Kontakt: www.HarryEilenstein.de / Harry.Eilenstein@web.de
Impressum: Copyright: 2011 by Harry Eilenstein – Alle Rechte, insbesondere auch das der Übersetzung, vorbehalten. Kein Teil des Buches darf ohne schriftliche Genehmigung des Autors und des Verlages (nicht als Fotokopie, Mikrofilm, auf elektronischen Datenträgern oder im Internet) reproduziert, übersetzt, gespeichert oder verbreitet werden.
Herstellung und Verlag: Books on Demand, Norderstedt
ISBN: 9783743118850

Inhaltsverzeichnis

1. Das Horoskop als Struktur und Stil — 4
2. Das Horoskop und die Geburt — 7
3. Das Horoskop als Gleichnis — 8
4. Das Horoskop als Vorbestimmung — 9
5. Omen und Orakel — 10

6. Physik und Astrologie — 12
7. Entstehung und Erkennen des Horoskops — 16
8. Die Seele — 18
9. Reinkarnation — 20
10. Horoskop und Karma — 22

11. Die Geburt: die drei Verbündeten — 25
12. Die Geburt: das Beziehungs-Mandala — 27
13. Die Hymne an sich selber — 31
14. Das Vorhersehen der Zukunft — 33
15. Die Absicht der Seele — 36

16. Seele und Freiheit — 38
17. Seele und Psyche — 40
18. Das Hier und Jetzt — 41
19. Kampf und Kooperation mit der eigenen Seele — 42

20. Das Horoskop in der „Ich bin …"-Form — 43
    - 20. a) Horoskop-Beispiel 1 — 45
    - 20. b) Horoskop-Beispiel 2 — 58
    - 20. c) Horoskop-Beispiel 3 — 73
    - 20. d) Horoskop-Beispiel 4: Goethe — 88
    - 20. e) eine astrologische „Hymne an sich selber": Goethe — 99

21. Was ist wie gewiß? — 108

22. Anhang — 109
    - 22. a) Telepathie — 109
    - 22. b) Telekinese — 110
    - 22. c) Traumreise zur eigenen Mitte — 112
    - 22. d) Traumreise nach Chesed — 115

1. Das Horoskop als Struktur und Stil

Ein Horoskop beschreibt den Charakter, das Verhalten und das Aussehen eines Menschen. Daher kann ein Horoskop ein nützliches Hilfsmittel bei dem „Erkenne Dich selbst!" sein – und ohne diese Selbsterkenntnis wird es kaum möglich sein, ein glückliches und erfülltes Leben zu führen.

Das Horoskop ist wie ein Schauspiel aufgebaut: Man geht ins Theater und wartet – die Frau ist schwanger, aber das Kind ist noch nicht geboren. Das Licht geht aus im Saal – die Wehen kommen. Der Vorhang hebt sich – das Kind wird geboren.

Das erste, was man sieht, ist das Bühnenbild – das ist der Aszendent, der die generelle Szenerie und die Grundstimmung in dem Leben des Neugeborenen beschreibt.

Dann erscheinen die Schauspieler auf der Bühne – sie sind die zehn Fähigkeiten, die ein jeder Mensch hat:

    die Wahrnehmung des Mond-Kindes,
    das Denken des Merkur-Schülers,
    das Bewerten des Venus-Jugendlichen,
    das Entscheiden des Sonne-Königs,
    das Handeln des Mars-Kriegers,
    das Organisieren des Jupiter-Managers,
    das Bewahren des Saturn-Erhalters,
    das Erweitern des Uranus-Erfinders,
    die Anteilname des Neptun-Künstlers und
    die Verwandlung des Pluto-Zauberers.

Nun braucht noch jeder dieser Schauspieler eine Rolle – das sind die Tierkreiszeichen, in denen die Planeten stehen:

    der Widder-Spontane,
    der Stier-Genießer,
    der Zwilling-Neugierige,
    der Krebs-Sensible,
    der Löwe-Egozentrische,
    der Jungfrau-Handwerker,
    der Waage-Diplomat,
    der Skorpion-Ekstatiker,
    der Schütze-Idealist,
    der Steinbock-Erhalter,

der Wassermann-Professor und
der Fische-Mystiker.

Jetzt erhält jeder der Schauspieler noch einen Lebensbereich zugewiesen, in dem er sich ausdrückt – das sind die astrologischen Häuser, in denen die Planeten stehen:

das Hier und Jetzt des 1. Hauses,
die Wohnung des 2. Hauses,
das Lernen des 3. Hauses,
die Familie des 4. Hauses,
die Selbstdarstellung des 5. Hauses,
das Heilen des 6. Hauses,
die Beziehungen des 7. Hauses,
die Verwandlungen des 8. Hauses,
das Streben des 9. Hauses,
die Öffentlichkeit des 10. Hauses,
die Wahlverwandtschaften des 11. Hauses und
die zufälligen Begegnungen des 12. Hauses.

Als nächstes wird ein Drehbuch benötigt – das sind die Aspekte zwischen den Planeten, die ihr Verhältnis zueinander bestimmen:

die Ehe der Konjunktion,
die Freundschaft des Trigons,
die Bekanntschaft des Sextils,
die zufällige Begegnung des Halbsextils,
das Schaukeln zwischen zwei Polen der Opposition,
das Getrennthalten des Quadrates und
das immer wieder neue Erfassen des Quincunxes.

Dann gibt es noch den Regisseur, der dafür zuständig ist, daß die Aufführung ein Erfolg wird – das ist das Ich, die eigene Bewußtheit.
Und wenn der Regisseur nicht mehr weiter weiß, wendet er sich an den Drehbuchautor – das ist die eigene Seele, die ihre derzeitige Inkarnation beschlossen hat.

Das Horoskop beschreibt nicht nur den Lebensstil eines Menschen, sondern es beschreibt auch zwei wesentliche Dinge, deren Verhältnis zueinander von grundlegender Bedeutung für jede Horoskopdeutung und somit auch für das Leben selber ist:
Das Horoskop beschreibt zum einen die Hoffnungen, Wünsche und Bedürfnisse eines Menschen und zum anderen auch dessen Fähigkeiten, Stärken und Methoden.

Der wichtige Punkt an dieser Beobachtung ist, daß es dasselbe Horoskop ist, daß sowohl die Wünsche als auch die Fähigkeiten eines Menschen beschreibt, denn das bedeutet, daß jeder Mensch genau die Fähigkeiten hat, die er zur Erfüllung seiner Wünsche braucht – oder anders gesagt:

Das Horoskop beweist, daß jeder Mensch glücklich sein kann, wenn er nur sich selber erkannt hat und sich dann selber treu ist.

Daraus ergibt sich, daß das Horoskop den Menschen zeigt, daß die Geborgenheit im Mutterleib, die man bei seiner Geburt verläßt, kein Verlust ist, sondern daß man weiterhin in diese Geborgenheit in der Form des eigenen Horoskopes eingehüllt ist. Man erhält durch die Geburt mehr Handlungsspielraum dazu – und mehr Eigenverantwortung ... aber man verliert nicht die Geborgenheit, auch wenn sie eine andere Form erhält: die Gleichheit zwischen den eigenen Wünschen und den eigenen Fähigkeiten.

2. Das Horoskop und die Geburt

Das Horoskop ist wie die Schöpfungsgeschichte innerhalb der Mythen eines Volkes. Diese Schöpfungsgeschichte, d.h. die Vorgänge, die durch sie beschrieben werden, werden in endlosen Zyklen wiederholt.

In dieser Form ist auch das Horoskop die eigene Schöpfungsgeschichte, die man sein Leben lang wiederholt.

Dieser Zusammenhang wird dadurch deutlich, daß das Horoskop der Stand der Planeten zum Zeitpunkt der Geburt ist und dieser Planetenstand daher sowohl den Stil des gesamten Lebens dieses Menschen beschreibt als auch die Vorgänge zum Zeitpunkt der Geburt selber:

Die Geburt ist das Urbild für das gesamte eigene Leben.

Die Geburt beschreibt das eigene Horoskop in „Reinform", da zum Zeitpunkt der Geburt das Horoskop und die laufenden Planeten miteinander identisch sind. Während des Restes des Lebens wird der Planetenstand im Horoskop hingegen ständig durch die Transite der laufenden Planeten am Himmel über die Planeten im Horoskop variiert, wodurch sich die Schwerpunkte des Lebens unentwegt verschieben.

Um sich selber erkennen zu können ist es daher hilfreich, möglichst viel über die eigene Geburt zu wissen. Zum einen kann man die eigene Mutter und evtl. noch die damalige Hebamme befragen, und zum anderen ist es möglich, mithilfe von Meditationen und Traumreisen selber die Erinnerung an die eigene Geburt wiederzufinden.

Die Erinnerung an die eigene Geburt ist eine Form der Selbsterkenntnis – und letztlich auch die direkteste Weise, das eigene Horoskop zu erfassen.

3. Das Horoskop als Gleichnis

Ein Horoskop ist wunderbar präzise – keinerlei Willkür, Intuition und ähnliche unsichere Elemente, die die sonstigen Orakel und Omen auszeichnen.
Zumindestens sieht es auf den ersten Blick so aus …

Planeten, die im Horoskop an genau derselbe Stelle stehen, können am Himmel jedoch etliche Grade auseinander stehen, da die Planetenstellungen bei der Horoskop-Erstellung auf die Ekliptik, also auf die Umlaufbahn der Sonne projiziert werden.
Der Charakter der Tierkreiszeichen ist von dem Klima im Mittelmeerraum abgeleitet worden, in dem die Astrologie entstanden ist. So steht z.B. der „heiße Löwe" mitten im Sommer – aber auf der Südhalbkugel mitten im tiefsten Winter … dort muß der Löwe auf Schlittschuhen und Skiern laufen …
Die Venus ist früher in der babylonischen Astrologie der Kriegsgott gewesen und nicht die anmutige Botin der Schönheit wie heute …
Wenn man nördlich des Nord-Polarkreises oder südlich des Süd-Polarkreises geboren wird, fällt das gesamte Häusersystem in sich zusammen und reduziert sich auf zwei statt zwölf Häuser.
Und wenn man nun gar ein Horoskop für einen Menschen erstellen will, der auf dem Mars geboren worden ist, erhält auf einmal die Erde die Qualität des Mars, da der Mars ja als Bezugsort aus der in dem Horoskop dargestellten Planetenreihe fortfällt. Und wenn jemand auf dem Uranus geboren wird, verrutscht die ganze Planetenfolge: die Erde übernimmt die Mars-Rolle, der Mars die Jupiter-Rolle, der Saturn die Jupiter-Rolle usw. Dieses Verwirrspiel läßt sich beliebig ausweiten. Selbst die Qualitäten der Planeten scheinen daher ein relatives System zu sein, daß nur in Bezug auf die Erde so schön stabil ist, wie man es als Astrologe gewohnt ist, da bislang noch niemand außerhalb der Erde geboren worden ist.
Trotz dieser „Makel an Genauigkeit" funktioniert die Astrologie bestens …

Es scheint daher angebracht zu sein, bei allen Aussagen dazu, wie und warum die Astrologie funktioniert, vorsichtig zu sein. Das Kaffeesatz-Lesen hat zwar weniger Regeln und kommt ganz ohne Zahlen aus, aber möglicherweise sind beide Methoden gleich zuverlässig … und beide Methoden sind Gleichnisse zwischen einem äußeren System und dem Schicksal eines Menschen.

4. Das Horoskop als Vorbestimmung

In der mittelalterlichen Astrologie und in der heutigen indischen (jyotischen, ayurvedischen) Astrologie werden ganz konkrete Ereignisse vorhergesagt – die Begegnung mit einem weißen Hund bei Sonnenuntergang u.ä. Das ist bei der heute üblichen abendländischen Astrologie nicht der Fall – dort werden Strukturen und Dynamiken beschrieben.

In beiden Fällen wird jedoch der Verlauf des Lebens sehr genau geschildert – im Mittelalter und in Indien ganz konkret und im der heutigen westlichen Kultur als Gleichnis zu den Planeten.

Es stellt sich daher eine Frage:

Zwingen mich die Planeten, so zu sein, wie ich jetzt bin?

Da man selber bzw. der von einem beauftragte Astrologe an den Himmel (oder in seine Ephemeriden) schaut und dann aufzeichnet, wo die Planeten gerade stehen und dann das Schicksal des Neugeborenen verkündet, sieht das Ganze sehr außenbestimmt aus.

Wenn man es jedoch genau nimmt, kann man nur folgendes sagen:

Es ist möglich, anhand des Standes der Planeten das Wesen eines Menschen zu beschreiben.

Diese Präzision ist sehr wichtig, wenn man erfassen will, was eigentlich bei dem vor sich geht, was die Astrologie beschreibt.

Eine der besten Aussagen zu diesem Thema stammt – von wem auch sonst – von Goethe:

<u>Orphische Urworte</u>

Wie an dem Tag, der Dich der Welt verliehen,
Die Sonne stand zum Gruße der Planeten,
Bist alsobald und fort und fort gediehen
Nach dem Gesetz, wonach Du angetreten.
So mußt Du sein, Dir kannst Du nicht entfliehen,
So sagten schon Sibyllen, so Propheten;
Und keine Zeit und keine Macht zerstückelt
Geprägte Form, die lebend sich entwickelt.

5. Omen und Orakel

Es gibt viele Formen des Orakels von der archaischen Eingeweideschau und der Vogelflug-Deutung über die Geomantie, das I Ging, das westafrikanische Ifa-Orakel und das Kaffeesatzlesen bis hin zu den Tarotkarten.

Das Grundprinzip aller dieser Orakel ist das Gleichnis zwischen den Elementen dieses Orakels und der Welt: die Orakel-Elemente sind ein Abbild der Welt und stehen daher in Resonanz zu der Welt und bilden eine Analogie zu ihr – weshalb man an dem Zustand der Orakel-Elemente den Zustand der Welt ablesen kann.

In der Astrologie sind die Planeten die Elemente, die die Gesamtheit aller Möglichkeiten darstellen, also die Elemente des Orakels. Die Tierkreiszeichen sind sozusagen der „Spielplan", der z.B. der Legemethode beim Tarot entspricht. Die Transite der Planeten sind sekundäre Elemente des Orakels und die Häuser sind ein Mittelding zwischen Spielplan und Orakel-Elementen.

Das prägende Prinzip ist bei den Orakeln die Analogie.

Daneben gibt es auch noch die Omen. Sie unterscheiden sich durch ein einziges Detail von den Orakeln – beim Orakel liegt die Initiative bei dem Fragesteller und beim Omen liegt die Initiative bei der Welt.

Bei einem Orakel hat ein Mensch eine Frage und legt sich deshalb die Tarotkarten und deutet sie anschließend. Er baut also eine Analogie zwischen seiner Frage, den Tarotkarten und dem Zustand der Welt auf, der sich dann in den ausgelegten Karten zeigt.

Bei einem Omen ereignet sich hingegen etwas Ungewöhnliches, das einem Menschen auffällt, woraufhin dieser sich fragt, was das bedeuten soll. Man verläßt seine Wohnung und stolpert dreimal kurz hintereinander, worauf man innehält und sich fragt, was denn los ist. Dann fällt einem ein, daß man den Herd nicht abgestellt hat.

Dieses Omen läßt sich noch Psyche-intern deuten, aber es gibt auch Omen, die von einer solchen Deutung weit entfernt sind. Ein Beispiel aus meinem Leben:

Eine Zeitlang habe ich danach gesucht, wie man ein Krieger sein kann, d.h. ganz aus der eigenen Kraft heraus leben kann. Stück für Stück habe ich dann herausgefunden, wie ich in diesen Zustand kommen kann und habe ihn schließlich auch erreicht. Dann stand ich an einem Ort, der einem Paar gehört – sowohl die Frau als der Mann waren mir sehr nah. Als ich dort stand, habe ich mich gefragt, was der Mann wohl davon halten wird, wenn ich nun auch wie er zu einem Krieger geworden bin.

Da zog es mich zu einem 3m tiefen Graben neben diesem Ort. Dort fand ich auf der Seite, die zu dem Ort der beiden zugewandt war, zwei gleiche Pfeil in der Erde nebeneinander stecken und auf der anderen Seite des Grabens einen dritten Pfeil, der anders gemustert war, an dem die Spitze fehlte und zudem die Hälfte der Kerbe für die Sehne abgebrochen war. Es war nicht zu übersehen, daß das eine Antwort auf meine Frage war.

Der Mann ist von seinem Sternzeichen her ein Schütze – er hat also symbolisch gesehen diese Pfeile abgeschossen. Zwei gleiche Pfeile sind das Paar, der andere Pfeil bin ich – und ich bin auf der anderen Seite des Grabens und mein Pfeil ist sozusagen „kastriert" worden.

Die Aussage war nicht schwer zu verstehen: „Laß meine Frau in Ruhe!"

Es gibt auch Omen, die ohne vorherige Frage auftreten und die einfach auf die Situation reagieren, in der man sich befindet.

Diese Omen und Orakel legen die Vermutung nahe, daß die gesamte Welt nicht nur durch die Kausalität, sondern auch durch Analogien geordnet ist – was sich ja auch daran zeigt, daß man auch für Tiere, für Unternehmungen, für Ereignisse usw. Horoskope erstellen kann.

Somit empfiehlt es sich, bei der Betrachtung der Astrologie stets im Bewußtsein zu behalten, daß die Welt generell ein Analogie-System ist und daß die Astrologie nur eine von vielen Möglichkeiten ist, Zusammenhänge in diesem umfassenden Analogie-System zu erkennen.

6. Physik und Astrologie

Es liegt an dieser Stelle nahe, einmal das physikalische und das astrologisch-magische Weltbild zu vergleichen: Wie gehören die Kausalität und die Analogie zusammen, die offenbar gemeinsam dieselbe Welt gestalten?

Zunächst einmal ist es hilfreich zu betrachten, was von den beiden Ansätzen beschrieben wird:
Die Physik beschreibt die Veränderung von Dingen im Verlauf der Zeit.
Die Analogien beschreiben strukturelle Übereinstimmungen zu einem bestimmten Zeitpunkt.
Beide Ansätze haben einen völlig unterschiedlichen Blickwinkel. Beide Ansätze lassen sich daher zwanglos miteinander kombinieren – auch wenn ein wenig Eingewöhnung in das Weltbild nötig ist, das sich aus der Kombination dieser beiden Ansätze ergibt.

Der Ursprung ist in beiden Weltbildern die Einheit: die Raumzeit bzw. Gott.
Auch der erste Schritt ist in beiden Weltbildern die Aufspaltung in zwei Gegensätze: Urknallimpuls und Gravitation bzw. Yin und Yang.
Ab dem zweiten Schritt werden jedoch in den beiden Weltbildern unterschiedliche Dinge betrachtet: Die Physik fragt, wie sich die einzelnen Elemente weiterentwickeln, und die Analogie-Sicht fragt, wie sich die Symmetrie entfaltet.

Die symmetrische Entfaltung der Welt sollte dazu führen, daß es Elemente gibt, die sowohl in den physikalischen Beobachtungen als auch in den magisch-astrologischen Beobachtungen vorkommen und in beiden übereinstimmen, da schließlich beide dieselbe Welt beschreiben. Das auffälligste dieser Element, die in beiden Weltbeschreibungen vorkommen, sind die Winkel – sie haben in beiden Weltbildern dieselbe Qualität.
Das folgende sind nur drei der wichtigsten Beispiele:

> Das astrologische Quadrat trennt zwei Dinge – die elektrische Welle und die magnetische Welle stehen in einem 90°-Winkel zueinander und sind niemals gleichzeitig auf ihrem Maximum.
> Das astrologische Sextil beschreibt die Anordnung von vielen gleichartigen Elementen – in einem Atomkern ordnen sich die Protonen und die Neutronen in 60°-Winkeln an.
> Das astrologische Trigon beschreibt eine feste Verbindung zwischen mehreren Elementen – auf einunddersselben Umlaufbahn um einen Planeten können zwei Monde kreisen, wenn der Planet und die beiden Monde ein gleich-

seitiges Dreieck bilden, d.h. wenn die Winkel zwischen ihnen genau 120° groß ist.

Die symmetrische Entfaltung der Welt sollte weiterhin dazu führen, daß es übereinstimmende Strukturen in dem physikalischen Weltbild und in dem magisch-astrologischen Weltbild gibt.

Die wesentliche astrologische Struktur ist der Tierkreis. Diese Zwölferteilung findet sich auch an zwei prägnanten Stellen in der Physik wieder:

Zum einen gibt es vier grundlegende Elementarteilchen: zwei Arten von Quarks, Elektronen und Neutrinos – sie entsprechen den vier Elementen in der Astrologie. Die Protonen und die Neutronen setzen sich aus je drei Quarks zusammen.

Diese vier Elementarteilchen gibt es jeweils in drei Größen – sie entsprechen den drei Dynamiken in der Astrologie (kardinal, fix und beweglich).

Die zwölf Elementarteilchen entsprechen somit den zwölf Tierkreiszeichen.

	1. Familie **normale Teilchen**	**2. Familie** **schwere Teilchen**	**3. Familie** **sehr schwere Teilchen**
	kardinale **Tierkreiszeichen**	**fixe** **Tierkreiszeichen**	**bewegliche** **Tierkreiszeichen**
Quarks **Ladung +2/3**	„up"-Quark	„charm"-Quark	„truth"-Quark
Feuer	Widder	Löwe	Schütze
Quarks **Ladung -1/3**	„down"-Quark	„strange"-Quark	„beauty"-Quark
Wasser	Krebs	Skorpion	Fische
Leptonen **Ladung -1**	Elektron	Myon	Tauon
Luft	Waage	Wassermann	Zwillinge
Neutrinos **Ladung 0**	Elektron-Neutrino	Myon-Neutrino	Tauon-Neutrino
Erde	Steinbock	Stier	Jungfrau

Zum anderen gibt es die Heisenberg'schen Spinketten. Dabei handelt es sich um ein Schwingungsmuster, als das man jedes Elementarteilchen in dieser Welt beschreiben kann. Diese Heisenberg'schen Spinketten bilden die Grundlage der Superstring-Theorie, die das heute übliche physikalische Modell ist. Man kann sich diese Spinketten als einen Kreis vorstellen, der wie eine Geigen-Saite schwingt, der also eine stehende Welle ist. Die Besonderheit an einer stehenden Welle ist, daß sie Stellen hat, die stets am Ruhepunkt sind, und dazwischen Bereiche, die auf- und abschwingen.

Die Heisenberg'sche Spinkette hat genau 12 Ruhepunkte und dazwischen zwölf schwingende Bereich. Die Ähnlichkeit mit dem Tierkreis ist offensichtlich: die Ruhepunkte sind die scharfen Grenzen zwischen den Tierkreiszeichen und die schwingenden Bereiche sind die Tierkreiszeichen selber.

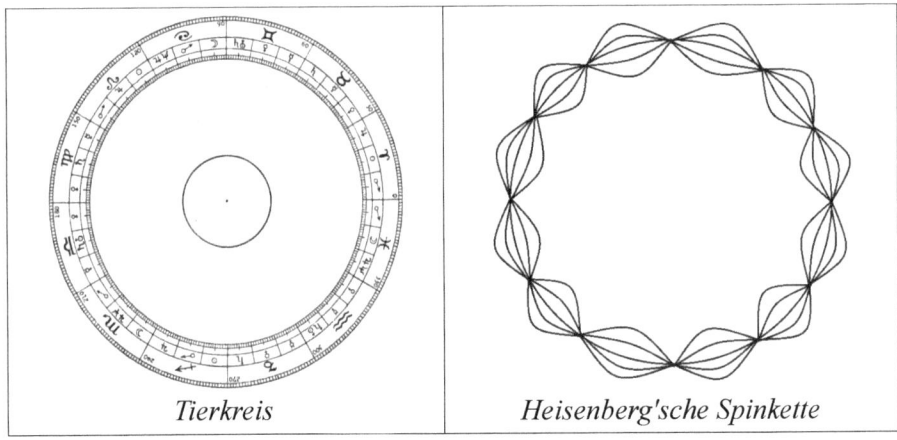

Tierkreis   *Heisenberg'sche Spinkette*

Es gibt noch eine weitere, detailreiche Übereinstimmung zwischen dem Weltbild der Physik und dem aus Analogien bestehenden Weltbild: Das der Superstring-Theorie zugrundeliegende Modell stimmt mit dem kabbalistischen Lebensbaum überein. Beides sind sehr komplexe Strukturen.

Das mathematische Modell, mit dem die Superstringtheorie beschrieben wird, hat elf Dimensionen. Dies sind die uns vertraute Zeit-Dimension und die drei endlosen Raum-Dimensionen sowie weitere sieben begrenzte Raumdimensionen, die nur im subatomaren Bereich existieren und daher der Alltags-Wahrnehmung nicht zugänglich sind. Unter diesen sieben subatomaren Dimensionen gibt es eine, die alle anderen 10 Dimensionen „zusammenhält".

Auch auf dem kabbalistischen Lebensbaum gibt es den Zeit-Bereich („Kether"), die drei endlosen Bereiche („Chokmah" bis „Daath"), die sechs begrenzten Bereiche („Chesesd" bis „Yesod") sowie den zusammenfassenden Bereich („Malkuth").

Das physikalisch-wissenschaftliche Weltbild und das magisch-astrologische Weltbild stehen offensichtlich nicht im Widerspruch zueinander, sondern werden lediglich in der Regel noch nicht miteinander kombiniert.

Die Übereinstimmungen in Bezug auf die Qualitäten der Winkel und die beobachteten Strukturen zeigen, daß beide Weltbilder offenbar dieselbe Welt in einer zutreffenden Weise beschreiben – denn sonst wäre diese Übereinstimmung kaum denkbar.

(Diese Zusammenhänge habe ich ausführlich in meinem Buch „Physik und Magie" dargestellt.)

Die Welt ist sowohl durch kausale als auch durch analoge Zusammenhänge strukturiert und hat somit eine sich symmetrisch entfaltende Gestalt.

Bei dem Bemühen, das Wesen eines Horoskopes zu erfassen, ist es daher ratsam, stets auf beide Elemente, also auf die Kausalität und auf die Analogie zu achten, da alle Dinge durch beide Ordnungsprinzipien gestaltet werden.

7. Entstehung und Erkennen des Horoskops

Das Horoskop läßt sich erst dann erstellen, wenn das Kind geboren ist – vorher weiß man nicht, für welche Zeit man das Horoskop berechnen soll. Dieses „technische Detail" hat zu der Annahme geführt, daß die Planeten das Wesen des Neugeborenen in dem Augenblick seiner Geburt prägen.

Diese Ansicht ist jedoch nicht besonders präzise, denn eigentlich müßte die genaue Beschreibung der beobachteten Zusammenhänge wie folgt lauten:

Erst durch den Zeitpunkt der Geburt wird die Berechnung des Horoskopes möglich.

Es gibt mehrere Hinweise dafür, daß das Horoskop nicht erst im Augenblick der Geburt entsteht, sondern daß die astrologische Prägung lediglich erst durch den Augenblick der Geburt erkennbar wird:

> Die Neugeborenen sehen sehr verschieden aus und entsprechen schon rein physisch bei ihrer Geburt ihrem Horoskop.
>
> Die Ungeborenen haben schon im Bauch ihrer Mutter ein ganz unterschiedliches Temperament, das mit ihrem zukünftigen Horoskop übereinstimmt (das sind natürlich nur vage Anhaltspunkte).
>
> Die Annahme, daß in dem Geburtsaugenblick die Planeten sozusagen auf ein „weißes Blatt" das Horoskop, also den Charakter des Neugeborenen, malen, widerspricht vollständig den übrigen Erfahrungen mit der Welt, die aus kontinuierlichen Vorgängen und aus Folgen von Ursachen und Wirkungen besteht.

Es scheint somit recht wahrscheinlich, daß das Horoskop eines Neugeborenen bereits vor dessen Geburt festliegt und daß dieses Horoskop lediglich erst durch den Geburtszeitpunkt für den Astrologen erfaßbar wird.

Dies entspricht dem Ergebnis des vorigen Kapitels, das zeigte, daß jedes Ereignis kausal entsteht und zugleich seinen Platz innerhalb der Analogie-Ordnung hat. Das Wesen des Neugeborenen, das durch das Horoskop, also durch die Analogie zu dem Planetenstand erfaßbar wird, entsteht nicht erst im Geburtsaugenblick, sondern hat sich kausal seit der Zeugung des Neugeborenen zu dem entwickelt, was das Horoskop dann beschreibt.

Dadurch stellt sich natürlich sofort die Frage, woher das Horoskop kommt, was die Vorgeschichte des Horoskopes ist, was die Elemente sind, die zu der Wahl eines bestimmten Geburtszeitpunktes führen usw.

Es ist also notwendig, den Blick auf das Horoskop zu erweitern:

Das Horoskop hat eine Vorgeschichte.

Diese Vorgeschichte und ihr Ausgangspunkt sind offensichtlich für die richtige Einschätzung des Wesens und der Bedeutung eines Horoskopes von großer Bedeutung. Dies wird in den folgenden Kapiteln näher untersucht.

8.   Die Seele

Was ist schon vor dem Horoskop da? Die befruchtete Eizelle, die Eltern, die Kultur, die Erlebnisse des Ungeborenen im Bauch seiner Mutter …

Was könnte das Element sein, von dem die Wahl des Horoskops ausgeht?

Oder ist das ein reiner Zufall? Das scheint eher unwahrscheinlich, weil sich im Mutterleib etwas aufbaut, das dann durch den Geburtszeitpunkt sichtbar wird. Das bedeutet, daß Ereignisse stattfinden, die zu einer Wirkung führen, die bereits festliegt – eben das Horoskop.

Man könnte natürlich argumentieren, daß alle Beobachtungen an dem Ungeborenen so vage sind, daß sie zu einem jeden Horoskop passen würden, aber zum einen sind diese Beobachtungen nicht derartig vage, und zum anderen ist ein Horoskop ja sehr markant und die Annahme, daß sich jedes Kind schon irgendwie in sein Horoskop fügen wird oder daß das Horoskop erst im Geburtsaugenblick dem Neugeborenen eingeprägt wird, widersprechen den übrigen Erfahrungen mit der Welt.

Das Element, daß die Wahl des Horoskopes und die Vorgänge auswählt oder steuert, die zu der Geburt zu einem bestimmten Zeitpunkt und an einem bestimmten Ort führen, könnte man „Seele" nennen.

Nun ist „Seele" ja gleichzeitig ein sehr prägnanter und ein sehr schwammiger Begriff. Man könnte die Seele im Zusammenhang mit dem Horoskop als die Eichel auffassen, die unter der Erde keimt (Schwangerschaft), dann durch die Erdoberfläche in die Welt hinauskommt (Geburt) und schließlich zu einer großen Eiche wird (Leben).

Der interessante Punkt im Zusammenhang mit dem Horoskop ist offenbar, zu erkennen, ob man selber aus einer Eichel, einer Buchecker, aus einem Birkensamen oder gar aus einer Kokosnuß entstanden ist.

Diese „Same" ist auch die Essenz und die Ursache für die Wahl des Horoskops. Es ist natürlich anzunehmen, daß dieser „Same" nicht schon die letzte Ursache überhaupt ist, aber sie wird das prägende Element für das Leben sein – sozusagen der Ausgangspunkt für das Leben und daher auch für das Horoskop des betreffenden Menschen.

Die Seele wählt das Horoskop aus, um sich selber auszudrücken.

Das Horoskop beschreibt das gesamte Leben durch eine einzige Graphik – das Horoskop. Das bedeutet, daß das Leben eines Menschen selbstähnlich ist, d.h. daß alle Teile eines Lebens, also alle Erlebnisse aus einem Guß sind und durch dieselben Prinzipien gestaltet werden. Diese Selbstähnlichkeit ist ein Merkmal aller lebenden Strukturen und aller Lebewesen.

So kann man z.B. in den Handlinien, in dem Zustand der Fußreflexzonen, in der Farbe der Iris des Auges, in der Form des Ohres usw. überall dieselben Merkmale finden. Alle Teile eines Menschen sind durch dasselbe Prinzip geprägt.

Diese Selbstähnlichkeit zeigt, daß die Seele einen einheitlichen, organischen Willen hat, also einen in sich stimmigen Entwurf für ihr Leben, in dem alle Teile in Resonanz mit allen anderen Teilen stehen, weil alle Teile aus demselben Impuls heraus erschaffen worden sind – der durch das Horoskop faßbar wird.

Systeme, in denen alle Bestandteile selbstähnlich sind und die somit „organische Systeme" sind, sind aus einem einzigen Anfangspunkt oder einem einzigen Anfangsimpuls heraus entstanden, der sich dann differenziert hat. Dadurch ist in allen Teilen dieses Systems derselbe Anfangsimpuls enthalten, der sich auch in allen seinen Teilen auf dieselbe Weise weiterentwickelt hat. Das führt dann letztlich zu der Selbstähnlichkeit aller Teile des Systems.

Der Anfangspunkt eines Menschen wird in diesem Buch „Seele" genannt und der Anfangsimpuls „Absicht der Seele".

Die Seele erschafft das Leben als einen organischen Gesamtentwurf, in dem alle Teile in Resonanz miteinander stehen.
Dieser Gesamtentwurf wird durch das Horoskop sichtbar.

Die Begegnung mit der eigenen Seele ist eines der wichtigsten Erlebnisse überhaupt. Wenn man seine Seele sieht, sieht man die Quelle, aus der man geflossen kommt, dann sieht man den Samen, aus dem heraus man gewachsen ist, dann sieht man den Impuls, aus dem heraus man lebt.

Daher hört bei der Begegnung mit der eigenen Seele die Frage nach dem Lebenssinn auf, da man diesen Sinn dann in der Gestalt der eigenen Seele vor sich sieht:

Der Sinn des eigenen Lebens ist die Absicht der Seele für dieses Leben.

9. Reinkarnation

Bei dem Versuch, die Astrologie über die Betrachtung des Horoskops hinaus auf die Betrachtung der Seele auszuweiten, stellt sich natürlich die Frage, ob die Seele nur ein abstraktes Konzept oder wirklich real ist.

Zunächst einmal zeigt schon die Astrologie selber, daß die Welt nicht nur kausal, sondern auch durch Analogien geordnet ist. Innerhalb eines Weltbildes, das sich zugleich kausal und symmetrisch entfaltet, erscheint eine einheitliche Quelle für „organische analoge Strukturen" wie ein Horoskop unumgänglich, da Symmetrien stets durch Differenzierung aus einem einzigen Punkt heraus entstehen.

Diesen einen Punkt kann man bei einem Menschen als dessen Seele auffassen.

Erlebnisse mit Telepathie und Telekinese lassen diesen ersten und noch recht abstrakten Ansatz deutlich konkreter werden. Ohne eigene Erlebnisse mit diesen beiden Themen bleibt aber auch dieser Ansatz sehr abstrakt …

Im Anhang findet sich je eine Anleitung, mit deren Hilfe man diese beiden Möglichkeiten auch selber erleben kann.

Sowohl die Telepathie als auch die Telekinese zeigen, daß es einen direkten Zusammenhang zwischen dem eigenen Bewußtsein und sowohl dem Bewußtsein anderer Menschen (Telepathie) als auch der Materie (Telekinese) gibt. Daraus ergibt sich zum einen recht anschaulich, daß es außer den kausalen Zusammenhängen auch noch andere Zusammenhänge geben muß, und zum anderen auch, daß die Seele mehr als ein abstrakter „Ausgangspunkt für die Selbstähnlichkeit eines Menschen" sein könnte – schließlich ist die Telekinese zumindest eine Analogie zwischen einer Vorstellung im Bewußtsein und einer physischen Bewegung.

Dieser Zusammenhang zwischen Bewußtsein und Materie könnte ein Hinweis darauf sein, daß auch die Seele ein „schöpferisches Wesen" ist.

Das wichtigste Erlebnis im Zusammenhang mit der Seele ist naturgemäß die Begegnung mit der eigenen Seele. Dies kann man mithilfe von Meditationen, Traumreisen und ähnlichen Methoden erreichen.

Auch dazu findet sich im Anhang eine kurze Anleitung.

Das fundamentale religiöse Erlebnis ist die Astralreise, bei der man den eigenen Körper verläßt und sich selber von außen her sieht. Dies geschieht am häufigsten bei Nahtod-Erlebnissen. Das Erlebnis, daß das Bewußtsein und die Wahrnehmung etwas ist, das den eigenen Körper verlassen kann und unabhängig von ihm existiert, ist die Grundlage für jegliche Vorstellungen über die Seele gewesen – und die gesamte Religion ist letztlich nur eine Betrachtung über das Wesen der Seele …

Wenn man einmal eine Astralreise erlebt hat, ist offensichtlich, daß es etwas gibt, das unabhängig von dem Körper besteht.

Daraufhin stellte sich natürlich die Frage, wohin diese Seelen nach dem Tod gehen – so entstand die Vorstellung eines Jenseits.

Es lag nahe, die verstorbenen Eltern auch weiterhin um Rat zu fragen – das ist der Ursprung des Totenkults.

Diejenigen Menschen, die eine Astralreise erlebt hatten und danach erlernt haben, wie sie dieses Erlebnis absichtlich wiederholen konnten, hatten die Möglichkeit, mit den Seelen der Verstorbenen Kontakt aufzunehmen – diese Menschen waren die Schamanen, aus denen im Laufe der Zeit die Priester entstanden sind.

Außer der Frage, wohin die Seelen der Toten gehen, konnte man natürlich auch in die andere Richtung blicken und überlegen, woher die Seelen gekommen sind.

Die vielen zyklischen Vorgänge in der Natur wie die Jahreszeiten legten die Vermutung nahe, daß auch die Seele einem zyklischen Vorgang unterliegen könnte – so entstand das Konzept der Reinkarnation.

Wen man genau ist, kann man aus der Ableitung der Reinkarnation z.B. aus dem Ernten, der Aussaat, dem Wachsen und dem erneuten Ernten des Getreides nicht schließen, daß die Reinkarnation lediglich ein Trugbild ist, daß durch eine Analogie zwischen dem Getreide und den Menschen entstanden ist. Diese Analogie hat nur das Bild für die Reinkarnation zur Verfügung gestellt.

Das Korn-Gleichnis ist das Bild für die Reinkarnation, aber nicht ihr Beweis oder ihre Widerlegung.

Wenn man die Traumreise zur eigenen Mitte unternimmt, trifft man bisweilen nicht nur auf die eigenen Seele, sondern anschließend daran auch auf einen Kreis von Wesen, die offenbar einen sehr ähnlichen Charakter haben und die wie aus derselben Sippe wie die eigene Seele zu stammen scheinen. Das sind die eigenen früheren Inkarnationen.

Es gibt auch die Möglichkeit, gezielt mithilfe einer Traumreise zu diesen Erinnerungen zurückzukehren.

Kinder bis zum Alter von 5-6 Jahren haben oft noch Erinnerungen an frühere Leben. Wenn man dem, was sie erzählen oder spielen, aufmerksam zuhört, kann man manchmal etwas davon entdecken. Ideal ist es natürlich, wenn man sich auch noch als Erwachsener daran erinnern kann, woran man sich als Kind erinnern konnte …

In Tibet gibt es ungefähr 1000 „Reinkarnations-Profis": die Tulkus. Als „Tulku" wird im tibetischen Buddhismus jemand bezeichnet, der sowohl in der Lage ist, seine nächste Inkarnation vorherzusagen, also wo er geboren wird, wer die nächsten Eltern sein werden usw., und der dann, wenn er wiedergeboren worden ist, auch in der Lage ist, z.B. unter 20 Reisschalen diejenige herauszufinden, die er in seinem vorigen

Leben benutzt hat. Diese Tulkus können sich zudem sehr schnell an die meisten Dinge erinnern, die sie im vorigen Leben erlebt und erlernt haben – weshalb es in den tibetischen Klöstern hin und wieder Äbte gibt, die noch Kinder sind, aber mehr wissen als die erwachsenen Mönche in dem Kloster, das sie leiten.

Der wesentliche Punkt im Zusammenhang mit der Astrologie ist, daß die Seele mehrere Leben nacheinander führt – und daß sie offenbar das ist, was ihre Leben gestaltet oder von der diese Lebens-Gestaltung ausgeht.

10. Horoskop und Karma

Möglicherweise kann man sich die Folge der Inkarnationen einer Seele wie die Tage im Leben eines Menschen vorstellen:

Man handelt und am Abend geht man schlafen und „verdaut" das Erlebte und beginnt am Morgen erneut zu handeln. Dabei ist jeder Morgen ein neuer Anfang, aber das, was man tun wird, hat auch einen Bezug zu den vorigen Tagen – man beginnt am Morgen dort, wo man am vorigen Abend aufgehört hat.

In dieser Weise wird man vermutlich in jedem neuen Leben dort weitermachen, wo man im vorigen aufgehört hat. Das bedeutet, daß jedes Lebens mit der Neu-Inszenierung der Dinge, die man aus seinem vorigen Leben mitgebracht hat, beginnt.

Dies zeigt sich unter anderem auch daran, daß man dann, wenn man seine eigene Charakterstruktur zu heilen beginnt, bei der frühkindlichen Prägung ankommt. Man kann natürlich argumentieren, daß alle Farben und Formen, die auf ein weißes Blatt gemalt werden, am besten zu sehen sind – und daß ein Neugeborenes wie ein weißes Blatt Papier ist.

Das Horoskop zeigt jedoch, daß bereits bei und vor der Geburt ein bestimmtes Verhaltensmuster vorhanden ist, das auf die äußeren Einflüsse auf eine bestimmte Weise reagiert. Es gibt also nicht nur das weiße Blatt Papier, sondern auch eine „Malanleitung".

Wenn nun das Horoskop von der Seele ausgeht und diese Seele in sich all das trägt, was sie in ihren vorigen Leben erlebt hat und all diese Dinge in ihr in dem Zustand vorliegen, den sie bei dem Tod in ihrem letzten Leben erlangt hatte, dann ergibt sich daraus, daß die Seele dort weitermacht, wo sie im letzten Leben aufgehört hat – und das sich dieser „Stand der Dinge" in dem Horoskop des Neugeborenen ausdrückt. Diese „Erbschaft aus dem letzten Leben" wird mithilfe der durch das Horoskop beschriebenen Verhaltensweise bereits in den ersten Lebensjahren neu inszeniert.

Diese „Erbschaft" wird im allgemeinen „Karma" genannt. Vermutlich besteht dieses Karma aus noch nicht aufgelösten Traumata, aus Freundschaften, aus Wissen, Weisheit und vielen ähnlichen Dingen.

Wie sieht dieser Vorgang aus der Sicht der Seele aus? Die Seele steht in einer bereits geprägten Situation, die einen Rahmen vorgibt: ihre bisherigen Erlebnisse und das sich daraus ergebende Karma. Diesen vorgegebenen Rahmen könnte man auch als den aktuellen „Stand der Dinge" dieser Seele umschreiben. Das ist der Punkt, von dem die Seele bei der Gestaltung ihres nächsten Lebens und des dazugehörenden Horoskops ausgeht.

Vermutlich wird die Seele das tun, was ihr als das Sinnvollste erscheint – denn dieses Prinzip ist in allen existierenden Wesen enthalten. Dieser von der Einsicht in die Zusammenhänge gelenkte Egoismus ist eines der Grundmerkmale des Lebens – ohne dieses Verhalten könnte sich kein Wesen selber erhalten.

Die Seele steht also nach dem Tod ihrer vorigen Inkarnation da und schaut und wird sich dann zu der nächsten Inkarnation entschließen, die ihr am sinnvollsten erscheint. Das gleicht in etwa einem Menschen, der morgens nach dem Aufstehen den nun angebrochenen Tag plant.

Daraus ergibt sich eine sehr wesentliche Schlußfolgerung: Die Seele will ihre Inkarnation und sie will sie genau so, wie sie ist. Die Seele will also auch genau das Horoskop haben, das sie bei ihrer nächsten Inkarnation hat.

Die Seele ist nicht das Opfer ihres Karmas, sondern die Schöpferin ihrer nächsten, bestmöglichen Inkarnation.

Das Horoskop ist vor allem der Ausdruck des Willens der Seele – und nicht des Sachzwanges der Umstände.

11. Die Geburt: die drei Verbündeten

Das Horoskop ist nicht das einzige, an dem man den Stil des eigenen Lebens durch die Seele erkennen kann. Es gibt zumindest noch eine zweite Möglichkeit, diese Prägung durch die Seele zu erkennen – man kann sie allerdings nicht wie das Horoskop berechnen, sondern nur nach ihr suchen und sie erleben.

Wenn die Seele sich inkarniert, hat sie einen bestimmten Charakter und eine bestimmte Absicht für das vor ihr liegende Leben.

Dies hat eine Folge, denn es gibt „im Inneren der Welt" eine Resonanz zwischen ähnlichen Dingen, die dazu führt, daß sich Ähnliches zusammenlagert und Symbole bildet – mehrere Bilder können so zu einem Urbild werden. „Gleich und gleich gesellt sich gern …"

Man kann dieses „Innere der Welt" auch als Lebenskraft bezeichnen, also als ein Element, das die ganze Welt durchzieht und auf dem u.a. auch die Möglichkeit der Telepathie und Telekinese sowie die Wirkung der Homöopathie beruht.

(Die „Lebenskraft" wird hier nicht näher untersucht – man kann sie als Arbeitshypothese nehmen, mit denen man solche Erlebnisse wie Telepathie oder die Chakren beschreiben kann. Eine genauere Untersuchung dieses Konzeptes würde ein eigenes Buch füllen.)

Wenn nun die Seele den Lebenskraftkörper der befruchteten Eizelle mit ihrem Charakter und ihrer Absicht prägt, ruft dies eine Resonanz in der Welt hervor, was dazu führt, daß sich das, was diesem Charakter und dieser Absicht am ähnlichsten ist, an den Lebenskraftkörper dieser Seele anlagert und das ganze Leben über bei ihm bleibt, da sich der Charakter und die Absicht der Seele nicht ändert – auch das Horoskop bleibt ja das ganze Leben über dasselbe.

Man kann nun durch Meditationen, Traumreisen, Träume u.ä. drei Dinge finden, die sich an den eigenen Lebenskraftkörper angelagert haben. Da diese drei Dinge dem Charakter und der Absicht der eigenen Seele sehr ähnlich sind, fördern sie durch ihre Anwesenheit die Verwirklichung der Absichten der Seele. Daher werden sie als drei Verbündete erlebt.

> In dem Bereich der Tiere entsteht eine Resonanz zu dem Tier, das der eigenen Dynamik am ähnlichsten ist – das wesentliche Merkmal der Tiere ist ihre Bewegung. Das ist das Krafttier des Menschen.
>
> In dem Bereich der Pflanzen entsteht eine Resonanz zu der Pflanze, die der eigenen Haltung am ähnlichsten ist – das wesentliche Merkmal der Pflanzen ist ihre Gestalt. Das ist die Kraftpflanze des Menschen.
>
> In dem Bereich der Mineralien entsteht eine Resonanz zu dem Stein, das der eigenen Struktur am ähnlichsten ist – das wesentliche Merkmal der Mineralien ist ihr Aufbau. Das ist der Kraftstein des Menschen.

Wenn man diese drei Verbündeten gefunden hat, kann man an ihrem Charakter erkennen, welche Absicht die eigene Seele für ihre derzeitige Inkarnation hat. Der Charakter der drei Verbündeten stimmt natürlich mit dem Horoskop überein.

Dies läßt sich vermutlich am ehesten mit einem Beispiel veranschaulichen:

> Mein Krafttier ist eine Wölfin. Die Ausdauer der Wölfe findet sich in meinem Mars-Saturn-Trigon wieder und das Leben in Rudeln in meinem Mond im 11. Haus.
>
> Meine Kraftpflanze ist ein Thuja. Diese Pflanze, die auch „Lebensbaum" genannt wird, ist ein Symbol für den Jenseitsweg, der am ausführlichsten und detailliertesten durch den kabbalistischen Lebensbaum dargestellt wird. Dieses Symbol ist meine wichtigste innere Landkarte. Sie entspricht meinem gradgenauen Pluto-Neptun-Sextil (Neptun am Aszendenten), das die Verbindung zwischen Diesseits und Jenseits sucht.
>
> Mein Kraftstein ist der Bergkristall. In ihm ist jedes Atom mit jedem anderen verbunden – er ist ein einziges Molekül. Er wächst extrem langsam, aber wird vollkommen klar. Dies entspricht meiner Merkur-Jupiter-Konjunktion in der Jungfrau im 10. Haus – langsames und gründliches Denken in komplexen Zusammenhängen.

Zwischen den drei Verbündeten gibt es viele Verbindungen, wenn man sich die homöopathischen Wirkungen dieser Steine, Pflanzen und Tiere, die Wirkung der Heilsteine, die Mythen der Krafttiere usw. anschaut.

> So ist z.B. mein Thuja der Jenseitsweg, der Wolf der Jenseitsführer und der Bergkristall das Bestreben, durch alle Dinge einschließlich der Jenseitsgrenze hindurchschauen zu können.

Es ist nicht unbedingt nötig, die eigenen drei Verbündeten zu kennen, um sich selber zu verstehen, aber sie können eine große Hilfe dabei sein.

Ein großer Vorteil dieser Kenntnis ist, daß das Krafttier, die Kraftpflanze und der Kraftstein einen ganz anderen Teil des eigenen Wesens ansprechen als das Horoskop – sie sind ein Erlebnis und nicht eine intellektuelle Erkenntnis. Und man kann jederzeit innerlich mit seinen drei Verbündeten reden und ihren Rat und ihre Hilfe erhalten.

Daher entsteht aus der Verbindung der drei Verbündeten mit dem Horoskop ein viel lebhafteres Bild als es aus dem Horoskop alleine heraus möglich wäre.

12. Die Geburt: das Beziehungs-Mandala

Um zu verstehen, wie die Seele sich reinkarniert und wie sie ihre Ziele erreicht, ist es sinnvoll, sich die Vorgänge bei der Geburt anzuschauen – soweit dies möglich ist.

Am Anfang war die Seele.

Dann hat die Seele einen Mann und eine Frau dazu angeregt, sich zu vereinen – falls man das so sagen kann …

Dadurch ergibt sich als körperlicher Ausgangspunkt die befruchtete Eizelle, die die Art des Körpers festlegt: ein Mensch.

Aus der Lebenskraft, die bei der Vereinigung der Eltern frei wird, entsteht ein Lebenskraftwirbel, den man um Frauen, die gerade schwanger geworden sind, oft in den ersten drei Wochen spüren kann. Daraus entsteht dann später der Lebenskraftkörper, dessen Organe die Chakren sind.

Was geschieht nun mit dieser Lebenskraft? Sie wird durch zwei Dinge geprägt: zum einen durch die befruchtete Eizelle, durch die sich die Lebenskraft zu dem Lebenskraftkörper eines Menschen entwickelt; und zum anderen durch die Seele selber, die sich dem Lebenskraftkörper einprägt und sich sozusagen in ihm spiegelt.

Die Lebenskraft ist wie die Elektrizität polar: „+" und „-", Yin und Yang, männlich und weiblich, Sulphur und Mercurius usw.

Das bedeutet, daß sich die Seele in der Lebenskraft zweifach spiegelt: ein männliches Spiegelbild der Seele und ein weibliches Spiegelbild der Seele. Bei einem Mann wird aus dem männlichen Bild die Identität und aus dem weiblichen Bild das Suchbild. Bei einer Frau ist es genau umgekehrt.

Wenn das Leben harmonisch verläuft, bleiben diese beiden Bilder in dieser Form erhalten – aber das ist selten der Fall …

Im Idealfall entwickelt der Säugling das Grundgefühl der Geborgenheit und des Urvertrauens, aus dem heraus dann das Kleinkind Abgrenzung und Stärke erleben kann, was wiederum die Grundlage für das Kind ist, sich selber erkennen zu können. Aus dem vertrauensvollen „Ja" der oralen Phase entsteht das klare „Nein!" der analen Phase, woraufhin sich dann das begeisterte „Ich!!!" der phallische Phase entwickeln kann.

In der Pubertät sucht man dann nach den Zusammenhängen mit der Welt und erforscht die eigene Stellung in ihr und stellt an andere Menschen die vorsichtige Frage: „Du?" Als Erwachsener gründet man dann eine eigene Familie: „Wir."

Wenn die eigenen Kinder aus dem Haus sind, richtet sich die Aufmerksamkeit auf die weitere Umgebung und man übernimmt neue Aufgaben: „Anderes." Im hohen Alter erkennt man schließlich die großen Zusammenhänge: „Alles."

Somit läßt sich das Ideal-Leben eines Menschen in sieben Worten zusammenfassen:

„Ja – Nein – Ich – Du – Wir – Anderes – Alles".

Innerhalb einer solchen heilen Entwicklung und Selbstentfaltung bleiben die beiden Spiegelbilder der Seele intakt und man kann in seinem Leben diese beiden Bilder ausdrücken: das gleichgeschlechtliche Selbstbild und das gegengeschlechtliche Suchbild.

Dies ist ein sehr geschicktes Arrangement der Seele: Die wesentliche Qualität der Seele ist ihre Selbstliebe, die ihren inneren Zusammenhalt und ihr „glückliches Leuchten" bewirkt. Wenn die Seele nun sich selber in der Lebenskraft zweifach spiegelt, tragen auch diese beiden Spiegelbilder die Selbstliebe der Seele in sich – und zusätzlich schwingt diese Selbstliebe auch noch zwischen diesen beiden Bildern, die ja bis auf ihr Geschlecht identisch miteinander sind.

Wenn der betreffende Mensch sich nun mit dem einen dieser Bilder identifiziert und das andere auf einen passenden anderen Menschen projiziert, dann entsteht Liebe zwischen den beiden und die Seele kann ihre Selbstliebe im Außen als die Liebe zwischen sich und einem anderen Menschen erleben.

Auch auf diese Weise erlangt die Seele durch ihre Inkarnation eine Erfahrung, die sie sonst nicht haben könnte. Möglicherweise ist das eine ihrer wichtigsten Motivationen, sich zu inkarnieren: das Erlebnis der eigenen Selbstliebe im Außen als Liebe zu einem anderen Menschen.

Wenn es zu jedoch einer Krise kommt oder sogar ein Trauma entsteht, polarisieren sich die sieben „heilen Eigenschaften" des Menschen und somit auch die beiden inneren Bilder – in der Regel schon in den drei ersten Entwicklungsphasen:

- aus der Geborgenheit („Ja") werden Askese und Sucht,
- aus der Stärke („Nein!") werden Macht und Ohnmacht,
- aus der Selbstliebe („Ich!!!") werden der Star und der Fan,
- aus der Welterforschung („Du?") werden Weitung und Enge,
- aus der Lebensgestaltung („Wir.") werden Einsamkeit und Überforderung,
- aus der Neugier („Anderes") werden Isolation und Identitätsverlust, und
- aus der Bejahung („Alles") werden Glück und Resignation.

Diese Polarisierung findet sich in gleicher Weise bei dem Selbstbild und bei dem Suchbild, wodurch dann insgesamt vier (verzerrte) Innenbilder entstehen. Wenn die Polarisierung z.B. auf der Ebene der Geborgenheit stattfindet, ergeben sich die folgenden vier Bilder:

		Geschlecht	
		männlich	*weiblich*
Polarisierung	*progressiv*	der asketische Mann	die asketische Frau
	regressiv	der süchtige Mann	die süchtige Frau

Von diesen vier Bildern kann der Betreffende nur eins selber leben und selber ausdrücken. Die übrigen drei müssen von anderen Menschen übernommen werden, die dann innerhalb des Lebens dieser Person eine bestimmte Rolle spielen.

Die Struktur zwischen diesen vier Rollen, also die Verhältnisse zwischen ihnen, sind fast immer dieselben.

Wenn in dem vorigen Beispiel der betrachtete Mensch ein Mann ist, könnte dieser z.B. die Rolle des Süchtigen einnehmen, d.h. er wird in dem Gefühl des Mangels leben, keine Beziehungen beenden können, ruhelos sein, evtl. viel zu viel essen, Alkoholiker werden usw.

Für einen solchen süchtigen Mann ergeben sich die folgenden sechs grundlegenden Rollen:

    süchtiger Mann   = 1. Ich   + 2. Freunde
    asketischer Mann   = 3. Feind
    süchtige Frau   = 4. Freundin
    asketische Frau   = 5. Beziehung   + 6. Feindin

Diese Situation kann offensichtlich nur sehr unangenehm sein ... schließlich inszeniert man hier zu sechst oder mit noch mehr Personen (bei Doppeltbesetzungen einiger Rollen) den Mangel, den der Mann in diesem Beispiel erlebt hat und der ihn hat süchtig werden lassen. Dieser Mangel ist der Auslöser für die Polarisierung der beiden heilen inneren Bilder in die vier zu Extremen verzerrten Bilder gewesen.

Auch dieses „Drama zu sechst" ist eine intensive Erfahrung ...

Diese Form der Polarisierung könnte die effektivste Methode der Seele sein, um ein Trauma, das sie aus einem vorigen Leben mitgebracht hat, neu zu inszenieren.

Im Horoskop erscheinen solche Traumata vor allem bei Quadraten und seltener auch bei Opposition und bei Quincunxen.

Diese drei Aspekte beinhalten jedoch auch jewels einen großen Schatz, den man in ihnen finden kann:

Die Trennung des Quadrates kann zu einer großen Freiheit werden;
die Polarität der Opposition kann zu einem bereichernden Wandel werden,
die Mühe des Quincunxes kann zu einer Liebe zur Welt werden.

Bei der Frage, was die Seele in dieses Leben mitgebracht hat, kann man aus astrologischer Sicht vor allem bei diesen drei Aspekten fündig werden.

13.   Die Hymne an sich selber

Es ist hilfreich, wenn man den eigenen Erkenntnissen über sich selber eine Gestalt gibt – sie malt, sie aufschreibt, eine Musik dazu komponiert, sie tanzt, eine Skulptur dazu formt oder ähnliches. Durch diese Form wird das eigene Wesen deutlicher und faßbarer – was stets gut tut.

Eine sehr einfache Möglichkeit ist das Aufschreiben aller Erkenntnisse über sich selber in der Form einer Liste. Zu diesen Dingen zählt alles, wovon man sagen kann, daß es stimmt – egal, ob es wichtig oder nebensächlich erscheint. Zunächst kann man dafür einfach einmal alles sammeln, was einem einfällt und diese Liste im Laufe der Zeit dann immer wieder einmal ergänzen und die einzelnen Elemente in ihr umsortieren.

Auf diese einfache Weise entsteht eine Selbstbeschreibung, die den Charakter einer Hymne an sich selber hat.

Es kommt dabei nicht darauf an, daß die Aussagen über sich selber wichtig, gut, großartig und weltverbessernd sind, sondern einfach nur, daß man weiß, daß sie wahr sind. Ich verstehe mich z.B. immer wieder gut mit Eichhörnchen, was keinerlei erkennbare Auswirkungen auf irgendetwas hat – aber es ist ein Teil meines Lebens, den ich nicht missen möchte und der zu mir gehört.

Diese spezielle Art der Hymne läßt sich vermutlich wieder am einfachsten durch ein Beispiel veranschaulichen:

Ich bin ein Mensch.
Meine Seele leuchtet golden in meinem Herzen.
In mir lebt eine Wölfin.
In mit lebt ein Thuja.
In mit lebt ein Bergkristall.
Ich bin ein Dichter.
Ich bin ein Harfner.
Ich bin ein Tänzer.
Ich bin ein Wanderer.
Ich bin ein Forscher.
Ich ergründe die Welt.
Ich bin aufrichtig.
Ich bin zeitlos.
Ich folge der Schönheit.
Ich bin ein treuer Freund.
Ich habe Wurzeln in Ägypten.
Ich bin ein Freund der Eichhörnchen.
… … …

Wenn man einmal damit begonnen hat, eine solche Hymne zu schreiben, wird sie sehr bald anwachsen und es werden immer mehr Details deutlich werden, die ein in sich schlüssiges Bild ergeben, denn auch diese „Hymne an sich selber" ist letztlich wie das Horoskop und wie die drei Verbündeten ein Selbstbild – und egal, in welchen Spiegel man schaut, wird man immer denselben Menschen sehen …

Da man bei dem Schreiben dieser Hymne alle Dinge sammelt, derer man sich gewiß ist, führt diese Form der Selbsterkenntnis auch zu Selbstbejahung und Selbstliebe – was der eigentliche Wert dieser Hymne ist.

14.   Das Vorhersehen der Zukunft

Durch das Horoskop erlangt man eine strukturelle Kenntnis der Absicht der eigenen Seele für ihr derzeitiges Leben.

Durch das Kennenlernen der drei Verbündeten erlangt man eine bildhafte und lebendige Kenntnis der Absicht der eigenen Seele für ihr derzeitiges Leben.

Durch das Erfassen des eigenen Beziehungs-Mandalas erkennt man, wo in einem selber die Verletzungen liegen, die nach Heilung suchen.

Durch das Erlebnis der eigenen Seele durch eine Traumreise o.ä. findet man die eigenen Identität.

Durch die „Hymne an sich selber" erlangt man die Erweiterung der Selbsterkenntnis zu Selbstbejahung und zu Selbstliebe.

Damit sind die Möglichkeiten der Selbsterkenntnis jedoch noch nicht erschöpft.

In der mittelalterlichen Astrologie und in der heutigen jyotischen (indischen) Astrologie wurden nicht Charakterstrukturen beschrieben, sondern ganz konkrete Ereignisse vorhergesagt. Es hat also den Anschein, als ob nicht nur die Struktur des Charakters bereits definiert wäre, sondern auch die konkreten Ereignisse.

Dies wird durch die Möglichkeit bestätigt, Ereignisse vorhersehen zu können. Diese Möglichkeit wird natürlich erst dann zu etwas Realem, wenn man es entweder selber mehrmals erlebt hat oder wenn man jemanden kennt, der dazu in der Lage ist.

Bei diesem Vorhersehen der Zukunft lassen sich vier Möglichkeiten unterscheiden:

    1. die Wahrnehmung im Traum und im Wachen,
    2. die absichtliche und die unabsichtliche Wahrnehmung,
    3. die Wahrnehmung der nahen und der fernen Zukunft, sowie
    4. die Wahrnehmung von persönlichen Erlebnissen oder von allgemeinen Ereignissen.

Diese insgesamt acht Möglichkeiten weisen z.T. deutliche Unterschiede auf:

    1. a) Bei „Wahrträumen" erinnert man sich morgens an einen Traum, in dem man Dinge gesehen hat, die man dann meistens im Laufe des gerade angebrochenen Tages erleben wird. Das „Vorher-Träumen" von Dingen, die erst später stattfinden, ist deutlich seltener.

    1. b) Das Vorhersehen von Ereignissen im Wachzustand ist recht vielfältig und wird in den folgenden drei Punkten (sechs Möglichkeiten) beschrieben.

2. a) Man kann absichtlich schauen, ob man erkennen kann, was in der Zukunft geschehen wird. Dies fühlt sich ganz ähnlich an wie der Versuch, sich an etwas zu erinnern, was man halb vergessen hat – nur daß man in die Zukunft schaut und nicht in die Vergangenheit.

Das Ergebnis dieses Schauens ist oft nur eine vage Ahnung oder enthält nur einen Teilaspekt wie z.B. zwar den genauen Zeitpunkt, aber nur eine ungefähre Beschreibung des Ereignisses (oder umgekehrt).

Es gibt natürlich nicht nur dieses eher schemenhafte Sehen, sondern auch die Möglichkeit, ein sehr genaue Bild zu erhalten – dazu ist in der Regel jedoch einige Übung notwendig.

2. b) Manchmal sieht man plötzlich etwas vor sich, was später geschehen wird. Diese ungeplanten Einsichten in die Zukunft haben meistens eine sehr scharfe Kontur und sind oft auch in dem Bereich dessen, was man sieht, recht detailreich.

3. a) Wenn man Ereignisse in naher Zukunft vorhersieht, ist dies oft so ein Gefühl, als ob man in einem Fluß schwimmen und spüren würde, wo er hinführt. Man nimmt sozusagen die Dinge wahr, deren Wurzeln in der Gegenwart liegen und die sich bereits aus ihnen heraus am entfalten sind – wie z.B. die innere Wahrnehmung einer Person, die man an der nächsten Wegkreuzung treffen wird.

3. b) Ereignisse in ferner Zukunft stehen oft etwas „unmotiviert" da und es ist unklar, wie und warum es zu diesen Ereignissen kommen wird. Die Wirkung dieses Ereignisses auf einen selber ist hingegen meistens deutlich.

4. a) Das Vorhersehen von Ereignissen aus dem eigenen Leben fühlt sich ein bißchen wie ein Teil der eigenen Psyche an – sie sind etwas Verwandtes, Vertrautes, auch wenn man es noch nicht erlebt hat, da man sich ja „an die Zukunft erinnert" und nicht an die Vergangenheit.

4. b) Das Vorhersehen von Ereignissen, die eine größere Zahl von Menschen oder ein ganzes Volk betreffen (wie z.B. politische Wahlen), haben oft einen markanten Charakter – insbesondere, wenn sie spontan kommen. Sie können so real sein wie ein Baum, vor dem man steht – und auch genauso unzweifelhaft und unumstößlich.

Diese Art von Vorhersehen kann ein sehr eindrückliches Erlebnis sein.

Aus dieser Art von Erlebnissen ergibt sich, daß die Seele das eigene Leben offenbar nicht nur in den allgemeinen Linien oder nur in der Struktur (Horoskop), sondern ganz konkret auch im Detail geplant hat.

Das eigene Leben ist wie ein fertig geschriebenes Buch, durch dessen Seiten das Bewußtsein im Laufe eines Lebens reist. Man kann in diesem Buch auch einmal zu früheren Seiten zurückkehren und „sich erinnern" (sogar an die eigene Geburt und die eigene Zeugung), aber man kann natürlich auch mal ein paar Seiten vorausblättern, um zu schauen, was noch kommen wird.

Wenn das eigene Leben in dieser Form festgelegt ist und demnach auch die Leben der anderen Menschen in dieser Form festgelegt sein werden, müssen diese Festlegungen miteinander koordiniert worden sein – schließlich leben wir alle in derselben Welt.

Dies entspricht der kombinierten Ordnung der Welt durch die Kausalität und durch die Analogien, aus der sich eine symmetrische Entfaltung ergibt, in der alle Elemente in einem sinnvollen Zusammenhang miteinander stehen.

Auch die Möglichkeit, kollektive Ereignisse vorhersehen zu können, zeigt, daß es einen solchen „Masterplan" geben muß.

Die eigene Lebensgeschichte ist ein Kapitel in einem sehr großen Buch, das die Geschichte der Welt beschreibt.

Daraus ergibt sich weiterhin, daß die Seelen in irgendeiner Weise miteinander kooperieren und sich miteinander verabreden.

Den „Masterplan" kann man als den kollektiven Plan der Seelen auffassen, aber man wird wohl auch davon ausgehen müssen, daß diese Koordination aller Seelen nur dann möglich sein kann, wenn es eine gemeinsame Quelle aller Seelen gibt – auch hier wird sich das sinnvolle Zusammenwirken aus der symmetrischen Entfaltung aus einem gemeinsamen Ursprung heraus ergeben haben. Wenn man möchte, kann man diese Quelle „Gott" nennen.

Die Betrachtung dieser „Masterplans" geht zwar schon deutlich über das Ergründen des Horoskopes hinaus, aber er bildet den Hintergrund, da ohne ihn kaum denkbar wäre, daß all die vielen Seelen, d.h. all die vielen Menschen, die auf der Erde zusammenleben, alle das erleben könnten, was diese vielen Seelen sich vorgenommen haben. Das ist ohne eine umfassende Koordination nicht möglich … die Einzelabsichten der Seelen müssen Teile eines großen Ganzen sein.

Die eigene Lebensgeschichte ist ein Handlungsstrang in einer sehr großen Geschichte, in der alle Handlungen miteinander verwoben sind.

15. Die Absicht der Seele

Es läßt sich somit sagen, daß die Seele eine bestimmte Absicht mit ihrer derzeitigen Inkarnation verfolgt und daß diese Absicht in der Form einer ganz konkreten und detaillierten Planung des Lebens festgelegt wird.

Diese Absicht läßt sich durch das Horoskop, durch das Kennenlernen der drei Verbündeten, durch das Erkennen des eigenen Beziehungsmandalas, durch die Begegnung mit der eigenen Seele in der Meditation und schließlich noch durch das konkrete Vorhersehen der eigenen Zukunft erfassen.

Was könnte die Seele in diesen Lebensentwurf eingeplant haben?

Zunächst einmal werden in diesem Plan die „unfertigen Dinge" aus den früheren Leben enthalten sein wie z.B ungeheilte Traumata.

Daneben könnten aber auch die Begegnungen mit bestimmten Menschen „eingeplant" sein, die Freunde werden oder die die Rolle des „permanenten Provokateurs" übernehmen, um auf einen bestimmten ungeheilten Punkt hinzuweisen.

Dabei kann es natürlich auch gut sein, daß man Menschen aus früheren Leben wiedertrifft – wobei man vorsichtig sein sollte, bevor man bei einer konkreten Begegnung zu einer solchen Schlußfolgerung kommt, um nicht in Vorstellungen über die Welt zu geraten, die nur noch wenig Realitätsbezug haben.

Schließlich könnte die Seele auch bestimmte Dinge, Konzepte und Themen in ihr nächstes Leben einplanen, die von Bedeutung sind.

Die wichtigeren dieser Menschen und Dinge kann man manchmal auf den ersten Blick erkennen – sie scheinen bei der ersten Begegnung wie in einem Spotlight zu stehen.

Als ich das erste mal die Graphik des kabbalistischen Lebensbaumes gesehen habe, habe ich voller Freude gedacht „Das ist es! Endlich!", obwohl ich keinerlei Ahnung hatte, was das denn eigentlich sein könnte und ich noch Jahre gebraucht habe, um es zu verstehen. Doch dann ist der Lebensbaum zu meiner inneren Landkarte und zu meinem wichtigsten Forschungshilfsmittel geworden.

Als ich das erste mal meinen späteren jahrzehntelangen Freund Jörg getroffen habe, habe ich gedacht, daß eine Bombe explodiert. Ich habe mich richtig erschrocken.

Auch bei drei anderen Freundschaften habe ich die Wichtigkeit der Begegnung gleich auf den ersten Blick erkannt.

Bei einer anderen Gelegenheit ist mir auf dem Bürgersteig ein Mann entgegengekommen, über dessen Anblick ich so entsetzt gewesen bin, daß ich auf die andere Straßenseite gewechselt bin. Das Leben hat es dann so arrangiert, daß ich 15 Jahre lang zusammen mit ihm in einer GbR einen Bioladen betrieben habe. In diesen 15 Jahren hat er mir das Leben so schwer wie möglich gemacht hat, damit ich endlich lernen konnte, wütend zu werden und mich zu wehren. Die Lehre war schrecklich, aber das Ergebnis war sehr befreiend.

Die Absicht der Seele für ihre derzeitige Inkarnation ist in jedem Detail festgelegt.
Man kann diese Absicht vorhersehen und man kann auch spüren, wenn etwas Wesentliches in dem eigenen Leben auftritt.

Als ich vor einigen Jahren einmal nicht weiterwußte, wollte ich meine Seele fragen, was sie sich eigentlich dabei gedacht hat, so einen Harry zu erschaffen.
   Ich habe daraufhin mit meinem Freund Jörg eine Traumreise unternommen, um meiner Seele diese Frage zu stellen. Das Ergebnis ist gewesen, daß ich mir die Absicht meiner Seele durchaus anschauen kann, aber daß sich dadurch meine Perspektive auf mein Leben grundlegend ändern wird – weil ich diese Information in der Form erhalte, daß ich mein gesamtes noch vor mir liegendes Leben gezeigt bekomme.
   Da habe ich dann erst einmal innegehalten und gesagt, daß ich mir das erst noch einmal überlegen möchte – diese Änderung der Perspektive ist doch sehr grundlegend.
   Die vollständige Schilderung dieser Traumreise findet sich im Anhang.

16.   Seele und Freiheit

Angesichts dieser Festlegung des eigenen Lebens in jedem Detail kann man sich natürlich fragen, wo dann die Freiheit des Menschen bleibt.

Der wesentlichste Aspekt dieses Themas ist, daß man selber mit dem, was man ist und was man will, ein Teil des festgelegten Ganzen ist. Man ist also keineswegs außenbestimmt, sondern man ist mit seinem Wollen und mit seinem Handeln ein Teil des Ganzen, das insgesamt festgelegt ist.

Ich bin frei, wenn ich von innen her auf die Welt blicke.
Ich bin festgelegt, wenn ich von außen her auf mich blicke.

Es gibt in diesem Zusammenhang noch eine interessante Beobachtung: Es läßt sich prinzipiell nicht unterscheiden, ob man eine Sache vorhersieht oder ob man eine Sache verursacht hat.

Es gibt die Möglichkeit, sich Dinge zu wünschen oder für das Erreichen von Zielen Magie anzuwenden – das funktioniert recht gut.

Es ist auch möglich, die Zukunft vorherzusehen.

Aber es läßt sich nicht sicher sagen, ob man etwas, was kommen wird, schon im voraus gesehen hat oder ob man den Wunsch nach etwas gespürt hat und das Gewünschte durch den Wunsch herbeigerufen hat.

Das einzige, was sich sagen läßt, ist, daß die Ereignisse sinnvoll geordnet sind und daß die Gegenwart (Wunsch/Vorhersehen) und die Zukunft (Ereignis/Wunscherfüllung) in einem festen Bezug zueinander stehen.

Am deutlichsten wird dies bei der Spontanerfüllung von beiläufigen Wünschen: Ich bin vor einigen Jahren morgens zu dem Bioladen gegangen, in dem ich damals gearbeitet habe, und habe gedacht, daß es doch schön wäre, wenn ich noch ein zweites Fahrrad hätte, denn dann könnte ich, wenn ich Besuch bekomme, auch mit dem Besuch zum Rhein fahren und dort am Strand sitzen und ein Feuer machen und etwas grillen. Ich hatte den Laden noch gar nicht geöffnet, als es am Schaufenster klopfte und mich jemand frug, ob ich nicht ein Fahrrad geschenkt haben will.

Habe ich dann die Zukunft vorhergesehen oder ist mein Wunsch in Erfüllung gegangen? Da beides nicht unterscheidbar ist, muß beides dasselbe sein – nur die Formulierung des Zusammenhanges ist verschieden.

Mein Wunsch als Teil der bereits festgelegten Zukunft zeigt, daß das, was ich bin, in diesem festgelegten Plan mit eingebaut ist: Meine Wünsche haben Folgen. Meine Wünsche stehen in einem sinnvollen Bezug zur Welt.

Diese Art des Wünschens und diese Art des Geborgenseins mit den eigenen Wünschen im Lauf der Dinge wird am anschaulichsten von J.K. Rowling bei der Darstellung der Wirkung des Zaubertrankes „Felix felices" beschrieben.

Man kann noch eine Überlegung anstellen: Wenn die Seele das vor ihr liegende Leben festgelegt hat, wäre es denkbar, daß ein Mensch, wenn sich seine Psyche vollständig in Einklang mit seiner Seele befindet und daher die „Macht" der Seele besitzt, diesen Lebensplan auch ändern kann.

Es ist allerdings fraglich, ob der betreffende Menschen dann, wenn er diese „Macht der Seele" erlangt hat, überhaupt noch die Motivation zu einer solchen Änderung hätte – schließlich hat die Seele ja bereits das Leben entworfen und realisiert, das ihr als das Beste erschienen ist …

17. Seele und Psyche

Die Seele und die Psyche sind zwei recht verschiedene Dinge. Daher haben beide auch unterschiedliche Ziele.

Die Psyche ist (vereinfacht gesagt) der Teil des Menschen, der für die Verarbeitung der Sinneswahrnehmungen zuständig ist, damit der Körper möglichst effektiv auf die äußeren Situationen reagieren kann. Die Psyche will folglich mithilfe der Handlungen des Körpers Situationen herstellen, die für den Körper und die Psyche angenehm sind.
Die Psyche will glücklich sein.

Die Seele scheint ihr nächstes Leben vollständig zu planen. Das bedeutet, daß sie genau das auswählt, was sie erleben will. Wenn sie die Möglichkeit hat, ihr Leben so zu gestalten wie sie will, fällt das nachträgliche Streben nach dem Erreichen des gewollten Zustandes fort – das Leben ist bereits so, wie die Seele es haben will. Dadurch fällt für die Seele aber auch das für die Psyche typische Streben nach Glück fort – das ja voraussetzt, daß der Mensch nach etwas anderem strebt als nach dem, was gerade da ist.
Warum will die Seele sich inkarnieren, wenn sie alle Ereignisse des kommenden Lebens auswählen kann? Der einzige denkbare Grund kann nur die Erfahrung sein – vor ihrer Inkarnation hat die Seele nur eine Absicht und nach ihrem Leben hat sie eine Erfahrung.

Die Seele und die Psyche stehen in einem eindeutigen Verhältnis:

> Die Seele bestimmt das nächste Leben und die Psyche erlebt dann dieses Leben.
> Die Seele strebt nach Erfahrungen und die Psyche strebt nach Glück.
> Die Seele ist wie das planende Gehirn und die Psyche wie die ausführende Hand.
> Die Seele ist der Unternehmer und die Psyche ist der Geschäftsführer.

Offensichtlich hat die Psyche nur geringe Chancen, glücklich zu leben, wenn sie nicht im Einklang mit der Seele handelt. Daher ist es für die Psyche notwendig, sich selber, d.h. die eigene Seele zu erkennen. Dabei kann das Horoskop helfen.
Die Schlußfolgerung ist einfach und stand schon über dem Tor zu dem Orakel von Delphi:

„Erkenne Dich selbst!"

18. Das Hier und Jetzt

Es gibt noch ein wichtiges Element in dieser Betrachtung: die Gegenwart. Es ist möglich, sich an die Vergangenheit und auch an die Zukunft zu „erinnern", aber der Körper und in der Regel auch das Bewußtsein sind fest in der Gegenwart verankert.

Das bedeutet, das sich das Leben im Hier und Jetzt abspielt – auch wenn sich das Bewußtsein auf die Vergangenheit und auf die Zukunft ausdehnen kann.

Wenn das Leben bereits festliegt wie ein fertig geschriebenes Buch und wenn das Bewußtsein auch in diesem Buch weiter nach hinten oder nach vorne blättern kann, so ist das Erleben doch fest an die Gegenwart gebunden. Dieses Erleben ist das, was die Seele dazu bewegt hat, ihr nächstes Leben nicht nur zu planen, sondern sich auch tatsächlich zu inkarnieren, um es zu erleben.

Dadurch, daß man sich fest im Hier und Jetzt verankert, kooperiert man auf die bestmögliche Weise mit der eigenen Seele.

Die Seele will erleben und das kann sie nur im Hier und Jetzt – und sie will auch nirgendwoanders sein, da sie ja alle Details dieses Lebens selber ausgewählt hat. Daraus ergibt sich nebenbei auch:

Die Seele ist im Hier und Jetzt.

Das Erforschen der Vergangenheit und der Zukunft sind Hilfsfunktionen, die der Psyche zu Verfügung stehen und die es ihr ermöglichen, sich selber besser zu verstehen und daher auch offener für die Gegenwart zu sein.

Auch das Heilen von Traumata, das Erkennen der eigenen drei Verbündeten und das Deuten des eigenen Horoskopes sind letztlich nur Hilfsmittel bei dem Bestreben, wirklich ganz im Hier und Jetzt anzukommen.

Dieses Bestreben entspricht ganz dem Wunsch der Seele nach Erfahrungen – was sich unter anderem auch darin zeigt, daß das Leben im Hier und Jetzt dazu führt, daß die Seele in das eigene Leben und in die eigenen Handlungen hinein zu strahlen beginnt. Das Leben wird dann in zunehmendem Maße von einer „grundlosen Freude" erfüllt …

Die sinnvolle Haltung: Sich aus dem Bewußtsein über das Ganze heraus in das Hier und Jetzt hinein entspannen.

19. Kampf und Kooperation mit der eigenen Seele

Die Psyche will und will und will und sie hat feste Vorstellungen darüber, wie das eigene Leben sein soll und was sie erreichen will … aber die Absicht der Psyche und die Absicht der Seele stimmen nicht immer ganz überein.

Dieser Unterschied kann dazu führen, daß man mit der eigenen Seele hadert und geradezu gegen ihre Absichten kämpft – natürlich ohne jeden Erfolg …

Wenn einem bewußt wird, daß man gegen sich selber oder, genauer gesagt, gegen die eigene Seele kämpft, dann ist das einzig Sinnvolle, die Absicht der eigenen Seele kennenzulernen – denn wenn das eigene Leben schon vollständig festgelegt ist, kann es die Psyche nicht ändern.

An dieser Stelle kann man einwenden, daß dann ja aber auch der Kampf der Psyche gegen die eigene Seele bereits festgelegt ist. Das stimmt natürlich aus der Sicht „von oben" auf das eigene Leben. Aber es gibt ja auch die subjektive Perspektive „von innen her", aus der das eigene Streben durchaus eine Wirkung hat – und für die Psyche ist dieser subjektive Blickwinkel der relevante, weil es ihr eigener Blickwinkel ist.

In dem Moment, in dem die Psyche den vollkommen Einklang mit der Seele erreicht, wird das Leben mühelos, weil dann das, was die Psyche will, und das, was die Seele festgelegt hat, im Einklang miteinander stehen. Diesen Zustand erreicht man in der Regel nicht mit einem einzigen Schritt, sondern nach und nach.

Die Augenblicke, in denen man „ganz entspannt im Hier und Jetzt" ist, führen zu einer Wiederverzauberung der Welt, weil dann alles mühelos gelingt.

Die beste Darstellung dieses Zustandes ist, wie bereits gesagt, J.K. Rowlings Beschreibung der Wirkung des Zaubertrankes „Felix felices".

Nun, ein jeder kann sich diesen Zaubertrank brauen, indem er sich selber wieder in zunehmendem Maße im Hier und Jetzt verankert und sich seiner Seele bewußt wird.

20. Das Horoskop in der „Ich bin …"-Form

Wenn man alle diese Überlegungen auf das Horoskop anwendet (und das vorliegende Buch ist ja in erster Linie ein Astrologie-Buch), dann muß man Horoskope auf eine neue Weise formulieren.

Die übliche Methode besteht darin, zu beschreiben, was der Aszendent, die Aspekte usw. bedeuten, und dann dem Betreffenden zu erklären, wo die Probleme liegen, wie er mit ihnen umgehen kann, in was man die schwierigen Aspekte verwandeln kann usw.

Das Horoskop, das aus dieser Sicht formuliert wird, ist ein Versuch, jemandem zu helfen:

> „Das sieht so und so aus, das ist in unserer Kultur nicht so einfach mit den Quadraten, aber wenn man das so und so sieht und einmal versucht, das anders anzugehen, dann löst sich das Problem auf und kann eigentlich sogar eine Bereicherung werden."

Eine solche Beschreibung entspricht nicht dem Blickwinkel der Seele, als sie dieses Horoskop ausgewählt hat.

Das hat eher so ausgesehen:

> „Ja, genau das will ich erfahren! So will ich sein! Das will ich tun! So ist es genau richtig! Auf geht's!"

Um ein Horoskop aus der Sicht der Seele zu formulieren, muß man es folglich in „Ich will …"-Sätzen und in „Ich bin …"-Sätzen verfassen.

Auf diese Weise entsteht dann eine auf dem eigenen Horoskop basierende (astrologische) „Hymne an sich selber".

Dann kann das Licht der Seele durch die Worte des Horoskopes strahlen und die Begeisterung für das, was man selber ist, wecken.

Ein solches Horoskop für sich selber zu verfassen, ist natürlich am schwierigsten, weil man in dem eigenen Horoskop ja auch all die Dinge sieht, mit denen man im eigenen Leben noch hadert. Wenn man dann auch die Aspekte, die einem so großes Leid bereitet haben, als „Ich will …"-Sätze formulieren soll, kann man schon in Schwierigkeiten geraten. Wer schreibt schon gerne „Ich will einsam sein! Ich will, daß nichts, was mir wichtig ist, eine feste Form annehmen kann. Ich werde niemals das, was mir wirklich wichtig ist, klar aussprechen!"

Die entsprechenden astrologischen Konstellationen für diese Aussagen sind ein isolierter Mond (Einsamkeit), ein Pluto-Saturn-Quadrat (keine feste Form für das

Wesentliche) und ein Pluto-Merkur-Quadrat (das Wichtige nicht aussprechen).

Offenbar ist es notwendig, die betreffende schmerzhafte astrologische Konstellation wesentlich besser als bisher zu verstehen, um ihn als einen „Ich will …"-Satz formulieren zu können.

Diese veränderte Weise, das Horoskop zu schreiben, führt also auch dazu, daß man erkennt, an welchen Stellen man noch mit der eigenen Seele hadert, d.h. wo man anders sein will als man ist und wo man anders leben will als man lebt.

Das Erstellen des eigenen Horoskopes in dieser Form führt mit recht großer Sicherheit zu einigen Krisen und schließlich zu einer verbesserten Selbsterkenntnis … und daher auch zu mehr Freude im eigenen Leben.

20. a) Horoskop-Beispiel 1

In dem Horoskop sind die Oppositionen, Quadrate und Qiuncunxe gestrichelt gezeichnet, damit man sie leichter von den Trigonen, Sextilen und Halbsextilen unterscheiden kann.

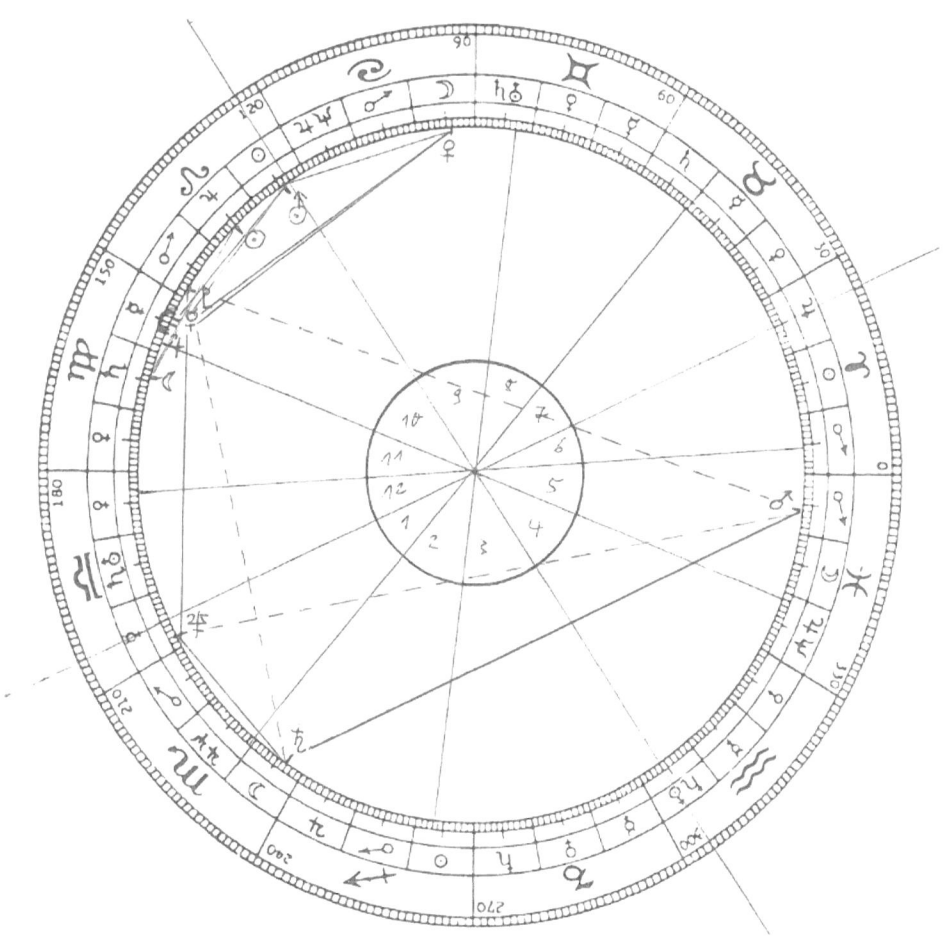

Aszendent Waage

- Ich bin ein Freund.
- Freundschaften und Beziehungen sind das Wichtigste in meinem Leben.
- Ich sehe das eine und ich sehe das andere und ich sehe den Zusammenhang dazwischen.
- Ich helfe bei der Kooperation.
- Ich schaffe Harmonie.
- Ich strebe nach Schönheit.
- Ich strebe nach Frieden und nach gegenseitigem Verstehen.
- Ich koordiniere.
- Ich bin ein Dichter.
- Ich folge der Freude.
- Das größte Mysterium und der Quell der größten Wonne ist das Geheimnis der Vereinigung.

Neptun in der Waage

- Ich suche dem universellen Frieden und der vollkommenen Harmonie.
- Ich betrachte die Welt und sehe die Zusammenhänge und die Strukturen.
- Die Welt ist ein großes Ganzes, in dem alles miteinander verwoben ist. Das kann ich spüren. Das erforsche ich. Darauf blicke ich. Das ist das, was ich in diesem Leben fühlen und erleben will.
- Daher meditiere ich, daher zaubere ich, erforsche die Magie, suche die Nähe zu meiner Seele, reise zu den Gottheiten, dichte, male, singe, musiziere, schnitze …
- Ich will das Verborgene sichtbar und erfaßbar und begreifbar machen. Darin lebe ich.
- Ich ergründe das Geheimnis von Beziehungen.
- Ich löse die Grenzen zwischen Ich und Du auf.

Neptun im 1. Haus

- Ich will in diesem Leben Religion, Kunst, Nächstenliebe, Magie und Ökologie leben.
- Ich suche nach dem Verborgenen und nach dem Unsichtbaren – in der Religion, in der Meditation, in der Kunst, in der Hilfsbereitschaft …
- Ich suche nach dem Kontakt mit den Göttern.
- Ich bin ein Dichter und ein Musiker, ein Zauberer und ein Träumer, ein Romantiker

und ich bin eng mit der Natur verbunden.
- Ich bin empfindsam, kann mich in fast alles einfühlen, ich bin sensibel und sensitiv.

<u>Pluto im Löwen</u>

- Das Wesentliche in meinem Leben ist die Individualität.
- Ich bin aufrichtig. Ich will strahlen. Ich will ganz ich selber sein.
- Ich erlebe alle Dinge als Individuen – Planeten, Meere, Bäume, Steine, Kräfte … und alles zusammen ist Gottes Leib und ein einziger, großer Organismus.

<u>Pluto im 10. Haus</u>

- Ich strebe danach, Individualität öffentlich sichtbar zu leben.
- Nicht nur ich und nicht nur die Menschen sind Individuen, sondern alle Dinge und auch die Welt als Ganzes.
- Ich bin eine öffentliche Gestalt. Mit meinen Grundüberzeugungen und meinem Fördern der Eigenheit bin ich für alle sichtbar. Ich falle überall auf …
- Wenn ich eine öffentliche Aufgabe als Zauberer, Musiker, Berater o.ä. habe, werde ich von meinem Innersten getragen und gehalten. Dann kann ich mehr als ich selber sein.

<u>Pluto Sextil Neptun (0° => nur 1' ungenau)</u>

- Meine Seele lenkt mein Leben: Sie läßt mich den für mich wichtigen Menschen, Dingen und Symbolen begegnen.
- Ich bin ein Dichter und ein Maler und ein Harfner und ein Romantiker und ein Träumer und ein Zauberer.
- Ich bin jederzeit hilfsbereit.
- Es gibt Begegnungen, die von meiner Seele gewollt sind – und ich schaue, was sie damit will.
- Ich will eine religiös-künsterisch-ökologisch-soziale Vision erschaffen.
- Ich brauche die Begegnungen mit den Göttern, um die Welt zu verstehen – und um mich in der Welt sinnvoll bewegen zu können.
- Ich falle auf.
- Ich dehne mich in die Welt hinein aus – mit meiner Wahrnehmung, mit meinem Entdeckerdrang … und auch mit meinen langen Haaren ;-) …
- Weil mein Wesentliches (Pluto) direkt in mein Aussehen (Neptun am Aszendent)

fließt (Sextil), altere ich von meinem Aussehen her nur sehr langsam.
- Ich bin so aufrichtig, wie ich es vermag – da gehe ich keinerlei Kompromisse ein.
- Ich folge dem, was sich richtig/rein/echt anfühlt, und dem bin ich treu, egal was kommt.
- Ich will das leben, was sich richtig anfühlt – und das schließt nichts aus, nichts Ungewöhnliches, keine Mehrfach-Beziehungen und auch sonst nichts.

Saturn im Skorpion

- Ich bin zäh.
- Ich bin sehr regenerationsfähig.
- Ich renoviere gerne.
- Ich helfe gerne bei Umzügen.
- Es gibt keine Form, sondern nur die ständige Verwandlung.
- Mein Weltbild besteht aus einigen wesentlichen Erlebnissen, die meine Vorstellungen über das Leben prägen.
- Meine Erinnerungen sind stark über- oder unterbelichtet …

Saturn im 2. Haus

- Ich kann mit fast nichts auskommen.
- Meine Wohnung ist mein Halt. Daher kann ich Umzüge überhaupt nicht leiden – zumindestens nicht meine eigenen.
- Ich gestalte Räume.
- Ich bin beständig in der Art, wie ich meinen Lebensunterhalt verdiene.

Pluto Quadrat Saturn (1,5°)

- Ich enge das Wesentliche niemals durch eine feste Form ein, sondern gebe dem, was ich bin, und dem, was ein anderer ist, Raum zur Entfaltung.
- Ich kann nicht mit einem Menschen, der mir wichtig ist, zusammenleben – ich kann ihn/sie nur besuchen oder einladen … oder noch besser warten, bis ich besucht oder eingeladen werde.
- Ich kann nicht selber ein Haus besitzen – ich kann nur bei seiner Erhaltung helfen.
- Ich kann kein Unternehmen leiten – ich kann nur dabei helfen.
- Ich kann kein Projekt gründen, bei dem andere Menschen beteiligt sind – aber ich kann andere Menschen bei ihren Projekten mit viel Elan unterstützen.

- Ich bin nur in der Krise stark.
- Mein Leben ist eine permanente Verwandlung – Tod und Geburt, Begegnung und Trennung, Zusammenbruch und Neuerschaffung … und es wird für das, was mir wichtig ist, niemals eine feste Form geben.
- Ich kann nicht mit Engagement für meinen Lebensunterhalt sorgen – ich nehme das, was kommt und halte wie Sterntaler meine Hände auf … und werde vom Leben mit allem, was ich brauche, versorgt.
- Ich kann von niemandem etwas für meine Arbeit verlangen.
- In der Religion und in der Magie kann ich keinerlei materielle Hilfsmittel benutzen oder besitzen.
- In der Ökologie kann ich keinerlei materiellen Hilfsmittel benutzen oder besitzen.
- Entweder ist mir ein Mensch wirklich wichtig oder wir haben eine feste Form der Verbindung.
- Die Heirat und das Zusammenleben ist für mich der sicherste Weg, daß ich zum „Zombie" werde, zu „leeren Schote", zu einem Schatten ohne Inhalt …
- Ich sorge mit minimalem Aufwand für meinen Lebensunterhalt (Saturn), um Zeit für das Wesentliche (Pluto) zu haben.
- Ich lasse nicht zu, daß die Form das Wesentliche behindert: die Religion soll frei von Dogmen sein, die Kunst frei von Stilen, die Nächstenhilfe frei von Vorschriften, die Magie frei von Eiden, die Liebe frei von Traditionen … Ich lasse meine Seele frei strahlen.

Neptun Halbsextil Saturn (1,5°)

- Manchmal kann Religion, Kunst u.ä. auch vorübergehend eine konkrete Form annehmen.
- Ich kann für meine Berater-Tätigkeit u.ä. Spenden annehmen.

Mars in den Fischen

- Ich handle ungenau, aber mit einem guten Gespür.
- Mein Muskeltonus ist knapp über Null.
- Ich erreiche meine Ziele mit einem möglichst geringen Krafteinsatz.
- Ich bewege mich „schwebend-elegant".
- Ich habe im Tun eine große Phantasie und entdecke jederzeit neue Wege und Möglichkeiten.

Mars im 5. Haus

- Ich bin ein Tänzer.
- Wenn ich etwas will, tue ich es.
- Ich tue die Dinge so, wie ich es will.
- Ich lerne alle körperlichen Dinge am besten, indem ich sie einfach ausprobiere.
- Ich bin in der Sexualität selbstbestimmt und selbstbewußt.

Mars Trigon Saturn (2,5°)

- Ich bin ausdauernd.
- Ich bin ein Langläufer.
- Die Erotik braucht ein Nest.
- Ich bin sehr beständig im Handeln.

Pluto Quincunx Mars (4°)

- Ich richte mein Handeln auf das Wesentliche aus – und richte es jedesmal wieder neu aus, sobald sich die Umstände ändern.
- Das gilt auch für die Sexualität.
- Die Entwicklungen in erotischen Begegnungen sind unvorhersehbar.
- Alles, auch die Begegnungen mit Frauen sind im Fluß und jedes neue Ereignis kann alles vollkommen verändern.

Neptun Quincunx Mars (4°)

- Ich such immer wieder nach der rechten Form für das Handeln, nach dem Weg in der Welt, schaue auf die Umstände …
- Ich schaue in jeder Situation neu, was ich wie machen kann.
- In Begegnungen mit Menschen habe ich keinen beständigen Kurs für mein Handeln, sondern nur die ständige Neuorientierung und die Veränderung.

Pluto, Neptun, Saturn und Mars

- Ich bin Verwandlung: Begegnungen mit Menschen sind immer Verwandlungen – und wenn die Verwandlung abgeschlossen ist oder wenn der Teil, den ich zu dem

Leben des anderen dazutun kann, beendet ist, endet die Begegnung.
- Ich will vollkommen ich selber sein (Pluto im Löwen) und da heraus dann eine vollkommene und rückhaltlose Begegnung leben (Neptun in der Waage). Das ist auch mein Geschenk an alle Menschen, denen ich begegne – egal wie mein Verhältnis zu ihnen ist: die Begegnung mit anderen durch Selbsterkenntnis und Selbsttreue ermöglichen.
- Ich helfe vielen Menschen, sich selber zu finden und dadurch eine wirkliche Beziehung führen zu können.

Sonne im Löwen

- Ich bin egozentrisch.
- Ich schätze Individualität.
- Ich bin Liebe.
- Ich bin eine Sonne, die mich selber und andere wärmt.

Sonne im 10. Haus

- Ich betrachte Individualität stets biographisch – und in Analogie zur Gesamtgeschichte der Menschen.
- Ich stehe so, wie ich bin, in der Öffentlichkeit.
- Dort, wo ich bin, bin ich meistens vielen bekannt.
- Das Leben der eigenen Individualität aller Menschen ist das Fundament jeder lebensförderlichen öffentlichen Ordnung.

Sonne (fast) isoliert

- Ich bin ein Einsiedler.
- Ich tue, was ich will – daran kann mich nichts hindern.
- Ich erforsche mich selber aus mir selber heraus – durch mein Erleben von mir selber.
- Ich achte die Freiheit eines jeden Menschen – das ist mir geradezu heilig.

Mond in der Jungfrau

- Ich bin behutsam, feinfühlig, vorsichtig, liebevoll und achtsam.
- Ich kann mich in fast alles einfühlen.
- Ich achte auf Kleinigkeiten.
- Ich bin leicht irritiert und ebenso schnell verunsichert, aber auch schnell erfreut.
- Ich bin überempfindlich, übersensibel.
- Ich gerate leicht ins „Fremdeln".
- Ich orientiere mich in Ordnungen und Systemen.
- Ich brauche die Kenntnis meiner inneren Bilder, um mich orientieren zu können.
- Ich strebe nach Heilung.
- Ich bin rein – oder will es zumindestens werden.
- Ich bin treu.
- Ich suche vollständige Nähe, Verwandtschaft, Familie …
- Ich bin vorsichtig und zurückhaltend im Kontakt, im Berühren und in der Erotik, wenn ich nicht ganz sicher bin.
- Manchmal bin ich auch sehr direkt in der Kontaktaufnahme.
- Ich bin hilfsbereit.

Mond im 11. Haus

- Ich suche immer nach den Urbildern hinter den Bildern – nur in ihnen kann ich Halt und Orientierung finden.
- Ich bin freilassend – die Frauen, mit denen ich zusammen gewesen bin, haben oft auch noch mit anderen Männern und Frauen das Bett geteilt.
- Ich suche nach meinen Wahlverwandten, um mit ihnen eine Gemeinschaft zu bilden.
- Ich folge in meinen Begegnungen immer meiner Utopie; ich folge dem, was ich erreichen will, weil ich es als meine Wahrheit empfinde.
- Ich kann meine Wahrnehmung über mich selber und meine direkte Umwelt hinaus in das Innere von anderen Menschen, in die Ferne, in die Vergangenheit und in die Zukunft hinein ausdehnen.

Mond (fast) isoliert

- Ich bin vollkommen naiv.
- Ich habe kein Urteilsvermögen und weiß nie, woran ich mit Menschen bin, d.h. was sie in Bezug auf mich als nächstes tun werden.
- Ich verstehe keine Andeutungen – nicht einmal den Versuch, mich zu verführen. Ich

verstehe nur das, was ganz direkt gezeigt wird.
- Es fällt mir schwer, meine Gefühle und Stimmungen nicht zu zeigen.
- Ich kann nicht spontan reagieren – ich brauche immer einen zweiten Anlauf.
- Ich weiß vorher nie, was welche Wirkung haben wird.
- Ich glaube zu stören und gehe deshalb zu früh. Ich merke nicht, daß ich störe und gehe deshalb zu spät.
- Ich bin vollkommen freilassend.
- Ich gebe in der Begegnung dem anderen die vollkommene Freiheit. Mein Wunsch ist, daß der Mensch, dem ich begegne, vollkommen er selber ist. Wie könnte eine Begegnung dadurch wertvoller werden, daß die beiden Menschen, die sich begegnen, Teile von sich verbergen oder verbiegen?
- Ich bin ein unbeteiligter Beobachter.
- Ich gehöre nicht dazu, ich falle heraus, ich verliere den Kontakt.
- Ich bin in Bezug auf Nähe haltlos.
- Ich suche den dauerhaften Kontakt, aber die Verbindung bricht immer wieder ab.
- Ich habe jahrelang in einer Glaskugel gelebt. Ich bin isoliert, abgeschnitten, verlassen, zuviel …
- Ich bin ein isolierter Beobachter.
- Mein Normalzustand ist das Alleinsein.
- Ich bin maßlos.
- Ich reagiere oft zu heftig, ich bin ganz in dem einen Gefühl, das gerade da ist.
- Ich kann sehr intensiven Kontakt bekommen, da ich darin rückhaltlos bin.
- Ich kann keine Nähe herbeiführen oder gestalten.
- Ich kann nur im Augenblick Nähe leben.
- Ich finde leicht zu Kindern Kontakt.
- Ich komme am besten mit Kindern zurecht.
- Ich kann die Begegnung nur im Kontakt selber gestalten – durch Nähe, Behutsamkeit, Achtsamkeit … Ich kann eine Begegnung nicht durch Worte, Taten, Willen, Intui-tion oder irgendeine andere Fähigkeit gestalten oder gar halten.
- Ich wünsche mir Nähe zu den Menschen, die mir lieb sind – und ich suche einfach nur die Nähe und ich will zunächst einmal überhaupt nichts tun und habe nichts vor. Ich freue mich einfach über die Menschen, die mir lieb sind.
- Ich lebe die Begegnungen, die sich „richtig" anfühlen, ohne Grenze und Einschränkung – mit der Intensität einer Beziehung.

<u>Sonne Halbsextil Mond (2°)</u>

- Manchmal kann ich meine Stimmungen durch mein Bewußtsein beeinflussen.
- Manchmal zentrieren sich meine inneren Bilder um ein zentrales Thema.

Uranus im Löwen

- Das Neue erfaßt mich stets als Ganzes – nicht nur im Detail.
- Individualität schlüpft oft sehr plötzlich aus ihrem Ei.
- Um das auszudrücken, was ich wirklich bin, scheue ich vor nichts zurück.

Uranus im 10. Haus

- Das Unerwartete ist ein wesentlicher Bestandteil der Welt.
- Ich falle in der Öffentlichkeit ständig auf – und falle unerwartet aus dem Rahmen.
- Ich gerate in die absurdesten Situationen.
- Ich habe die seltsamsten Berufe und öffentlichen Funktionen. Ich suche sie nicht – sie kommen zu mir.

Uranus (fast) isoliert

- Ich falle in der Öffentlichkeit auf.
- Ich gerate immer wieder in absurde Situationen.
- Ich über- oder unterschätze mich manchmal vollkommen.
- Ich schätze Situation oft völlig falsch ein.
- Ich bekomme immer wieder plötzlich die verschiedensten neuen Aufgaben und Tätigkeiten übertragen – aber ich habe bisher nur einen einzigen Beruf auch tatsächlich gelernt.

Merkur in der Jungfrau

- Ich denke systematisch und präzise.
- Ich achte auf das Detail.
- Ich schaue, ob wirklich schon alle Puzzleteile zusammengefügt sind – wenn nicht, suche ich weiter, bis ich die Form gefunden habe, die wirklich stimmt.
- Ich denke genau und lasse mich auf kein „ungefähr" und kein „das Detail ist nicht so wichtig" ein.

Merkur im 10. Haus

- Ich denke die Dinge konsequent zuende.
- Ich suche im Denken nach allgemeingültigen Strukturen.
- Ich überprüfe meine Ergebnisse.
- Ich schreibe Bücher.
- Ich achte darauf, daß ich meine Gedanken in einer Weise formuliere, die möglichst allgemeinverständlich ist.

Jupiter in der Jungfrau

- Ich versuche das richtige System zu erfassen und zu erschaffen.
- Meine Ziele sind detailreich und präzise formuliert.
- Ich suche nach der richtigen Ordnung.

Jupiter im 10. Haus

- Das, was ich aufbaue, soll dauerhaft sein.
- Ich strebe danach, meine Ziele auf allgemeingültige Weise zu formulieren.
- Mir ist der historische Hintergrund meiner Ziele und Ideale bewußt.

Merkur Konjunktion Jupiter (2°)

- Ich denke in komplexen Gesamtzusammenhängen.
- Ich verstehe das Einzelne erst, wenn ich alle seine Verbindungen zu anderen Dingen verstanden habe.
- Ich denke und rede und schreibe ausführlich – aber hoffentlich nicht zu ausführlich.
- Ich denke und rede und schreibe nach einem Plan, der dem, der zuhört oder liest, das, was ich sagen will, möglichst einfach erfaßbar machen soll.

Venus im Krebs

- Ich bin in meinen Gefühlen sensibel.
- Meine Gefühle ruhen in Bildern.
- Meine Sympathie zu anderen ist ein Gefühl von Verwandtschaft und ein Kuschel-Bedürfnis.

- Ich brüte manchmal endlos über meine Gefühle.

Venus im 9. Haus

- Ich erkenne auf den ersten Blick, welche Gefühle ich für einen Menschen habe.
- Ich kann mich auf den ersten Blick verlieben.
- Aus meinen Gefühlen können auch Projektionen werden …

Venus Sextil Merkur (1,5°)

- Ich kann meine Gefühle in Worte fassen und ich kann mich in Worte hineinfühlen.
- Worte sind mein natürlicher Ausdruck für Gefühle – und meistens sind dies Verse, Lieder, Märchen und Dramen.
- Meine Gedanken werden von Gefühlen erwärmt und meine Gefühle werden durch meine Gedanken geklärt.
- Meine Gedanken und meine Gefühle sind die besten Freunde.

Venus Sextil Jupiter (3,5°)

- Ich kann eine Vielfalt von Gefühlen, Freundschaften und Beziehungen nebeneinander halten und leben.
- Ich suche nach Formen und Lebensweisen, in denen alle Gefühle ihren Platz haben.
- Eifersucht ist mir fremd.

Venus Halbsextil Uranus (1°)

- Ich erkenne die wirklich wichtigen Menschen mit dem ersten Blick.
- Manche Beziehungen beginnen sehr plötzlich – und brauchen nur eine Stunde, bis sie offensichtlich werden …

Merkur Halbsextil Uranus (1°)

- Ich kann mit meinem Verstand neue Formen und Strukturen erkennen.
- Manchmal bereichert die Intuition das Denken – wenn ich zu lauschen und zu spüren beginne.

Jupiter Halbsextil Uranus (3°)

- Ich kann neue Formen erschaffen.
- Ich suche nach neuen Zielen und Idealen, in denen alles, was mir wertvoll ist, seinen Platz hat.

Merkur, Jupiter, Venus und Uranus

- Ich denke in großen Zusammenhängen und integriere dabei auch meine Gefühle und ab und zu erfasse ich dabei neue Formen und Möglichkeiten.

20. b) Horoskop-Beispiel 2

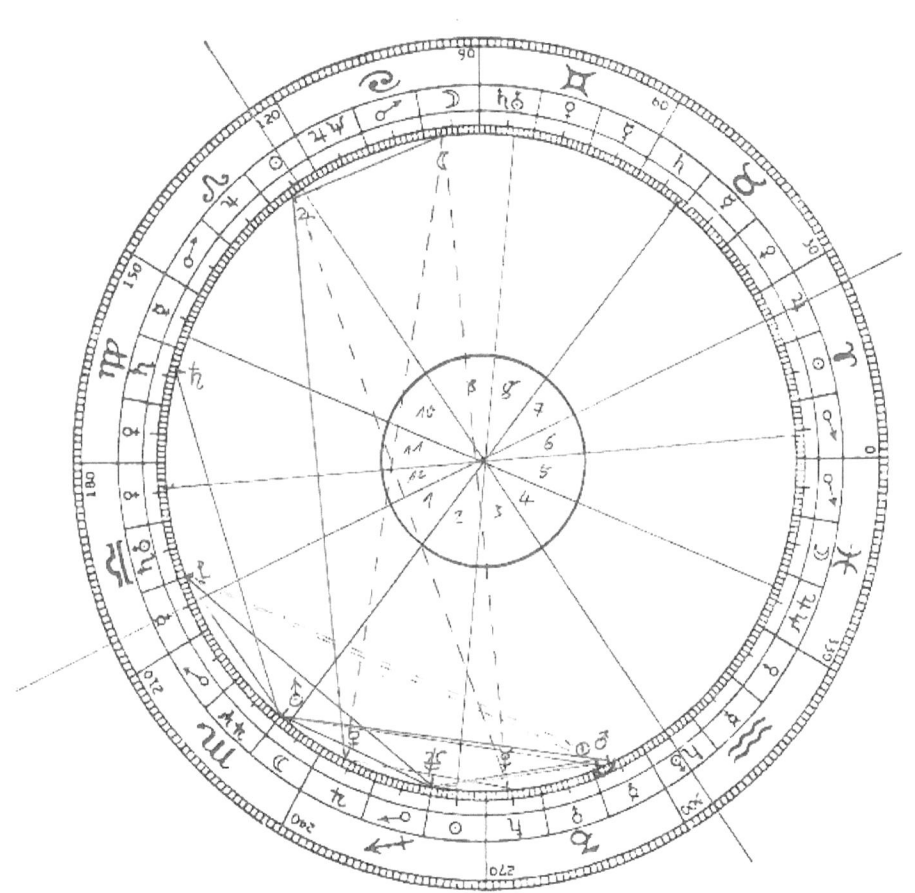

Aszendent: Waage

- Freundschaften und Beziehungen sind mein Leben.
- Ich schaffe Verbindung.
- Ich schaffe Harmonie.
- Ich bin eine Freundin.
- Ich bin eine Botin der Schönheit.
- Ich bin eine Verbündete des Friedens.
- Ich sehe das eine und ich sehe das andere und ich sehe den Zusammenhang zwischen ihnen.
- Die Welt besteht aus Ergänzungs-Gegensätzen – und ich freue mich jedesmal, wenn ich jemanden finde, der mich in meiner Einseitigkeit zu etwas Größerem ergänzt.
- Das größte Mysterium und der Quell der größten Wonne ist das Geheimnis der Vereinigung.

Uranus im 1. Haus

- Das Leben ist voller Überraschungen – genauso wie ich selber.
- Jeder Augenblick existiert aus sich heraus – und ich tue in jedem Augenblick das, was gerade richtig ist.
- Jeder Augenblick ist neu – und ich auch.
- Ich bin spontan.
- Ich bin eine Überraschung auf zwei Beinen.
- Ich überrasche mich und andere.
- Ich finde das Neue.
- Ich finde das Ungewöhnliche spannend.
- Ich treffe oft „schräge Vögel" und Menschen mit dem „besonderen Etwas" – und ich habe auch ein bißchen von diesem „Esprit" … und manchmal auch ein bißchen mehr davon.
- Leute, seid verrückt! Wie wollt ihr sonst ihr selber sein können?!
- Leute, fallt aus der Rolle! Wie wollt ihr sonst euer eigenes Schauspiel aufführen?!
- Leute, seid spontan! Wie wollt ihr sonst im Kontakt mit dem Leben sein?!
- Leute, seid jetzt hier! Mit allem, was ihr seid! Dann seid ihr wahr und lebendig und voller Freude und genau das, was ihr seid.
- Genau so verrückt und unvorhersehbar und wild und spontan und im Augenblick lebe ich! Juchu!!!

Uranus im Skorpion

- Intuition verwandelt – und ich bin tanzende Intuition und verwandle mich unentwegt.
- Spontanität ist Spannung – und ich bin spontan und verbreite Spannung … oder löse sie in Lachen auf.
- Mit meiner Intuition kremple ich den bestehenden Zustand von Grund auf um.
- Es kann immer alles anders kommen als bisher.
- Jeder Tag sollte voller Lachen sein – und voller Dinge, über die ich und alle anderen lachen können.
- Das Lachen hat seine Quelle im Unerwarteten und es hat seine Kraft in dem Verborgenen – das Unerwartete holt das Verborgene ans Licht und befreit es … und dann ent-stehen Weite und Freiheit … und Lachen.

Aszendent Waage und Uranus

- Ich bin die Spontanität, die die Situation in Harmonie verwandelt.
- Ich bin die Freundschaft, die das Leben meiner Freunde verwandelt.
- Ich bin die Verwandlung, die plötzlich zu Harmonie führt.
- Ich bin die Intuition, die spontan das Wesen und die Situation meiner Freunde erfaßt.
- Ich bin die spontane Verbindung.
- Ich bin die unerwartete Innigkeit.
- Ich bin die Umarmung, die aus heiterem Himmel kommt.
- Ich bin die erfrischende Überraschung.
- Ich bin das, was niemand erwartet hat und was alle verbindet.

Sonne im Steinbock

- Ich sehe, wie es ist.
- Ich bin aus meiner Biographie entstanden.
- Ich bin Realist.
- Ich habe einen festen Willen.
- Ich will prägen.
- Ich will lenken.
- Ich will bestimmen.
- Ich suche das Beständige.
- Ich suche das feste Fundament.

- Ich habe recht – und ich weiß, daß das nicht immer so ist, aber zunächst einmal bin ich davon überzeugt.

<u>Sonne im 3. Haus</u>

- Ich bin das, was ich in jedem Augenblick spiegle – in jedem Augenblick neu.
- Ich bin eine Spielerin.
- Ich bin die Neugier.
- Ich will mit Nachdruck prägen – und zwar in jedem Augenblick anders – so wie es dem Augenblick entspricht.
- Die Welt ist bunt – ich auch.
- Ich bin die Vielfalt, ich bin die Neugier, ich bin das Spiel, ich bin das Entdecken, ich bin das, was jetzt anders ist als es bisher gewesen ist … ich will sehen, wie bunt die Welt ist – und wie bunt ich selber bin.
- Mein Ich? Welches Ich? Du meinst das, was sich ständig wandelt und immer wieder neu ist? Was immer neue Facetten entfaltet? Was niemals ganz gleich ist? Was tanzt und flirrt und hüpft und singt? Ich bin kein Punkt. Ich bin nichts Festes. Ich bin nichts, was man beschreiben könnte. Ich bin nichts Enges. Ich bin niemals fertig. Ich bin niemals unfertig. Ich bin die Vielfalt des Lebens …

<u>Mars im Steinbock</u>

- Ich handle effektiv.
- Ich will wissen, was ich tue und warum – ich handle aus Sachkenntnis heraus.
- Ich handle nach Plan.
- Ich bin beständig – in der Arbeit, im Lachen, im Weinen, in der Wut, im Bett …
- Ich neige in Beziehungen zu chronischen Gefühlen …
- Ich weiß, was ich tue – zumindestens was die einzelne Handlung betrifft … der große Plan ist da noch etwas anderes …

<u>Mars im 3. Haus</u>

- Mein Ziel und mein Handeln und mein Weg wandeln sich ab und zu – oder auch schon mal etwas häufiger …
- Dauerhaft arbeiten? Oje!
- Das tun, was vor den Händen und vor den Augen liegt? Oja!
- Na, wenn's so nicht geht, dann eben anders …

- Und wenn's mit dem nicht geht, dann eben mit dem …
- Es gibt immer viele Möglichkeiten und Wege … und aus welchem Grund sollte man eigentlich immer nur auf einem einzigen Weg gehen und nicht auf mehreren gleichzeitig?
- Und es gibt immer noch ein paar andere interessante Möglichkeiten …

Sonne Konjunktion Mars (2°)

- Wo ist der Unterschied zwischen Wollen und Tun? Es gibt doch gar keinen!
- Ich bin Tat.
- In meiner Tat bin ich.
- Wenn jemand mein Herz berührt, will ich auch etwas zusammen mit ihm oder ihr tun – etwas erschaffen, streiten, das Bett teilen, arbeiten und im Alltag zusammenwirken …
- Ich kann nicht mit jemandem zusammen arbeiten, den ich nicht leiden kann – das geht überhaupt nicht! Das wäre doch die komplette Selbstmißachtung!
- Meine Kraft wächst mit meiner Selbstachtung, und in meiner Selbstliebe bin ich am stärksten – und genauso wärmt und stärkt mich auch die Achtung und die Liebe der anderen.
- Ich bin am stärksten, wenn ich liebe – mich und andere.
- Ich lebe im Lachen.
- Ich lebe im Weinen.
- Ich lebe in der Lust.
- Ich lebe im Schmerz.
- Ich lebe in der Tat.
- In diesen Dinge bin ich wirklich ich – und davon will ich soviel wie möglich haben … und noch ein bißchen mehr.
- Und diese Dinge verbinden mich mit anderen auf eine sehr dauerhafte Weise.

Sonne Sextil Uranus (1°)

- Wenn ich etwas will, dann tue ich das auch – und zwar sofort!
- Ich soll etwas Konstantes sein? Wer ist denn auf diese komische Idee gekommen? Ich bin der Augenblick und die Überraschung und das Neue und die Vielfalt!
- Wenn ich eine Idee habe, identifiziere ich mich mit ihr – Spontanität ist bei mir mit meinem Herzen verbunden. Das Neue ergreift mein Herz und ich bin selber das Neue.
- Ich tanze den Augenblick – mit allem, was ich bin!
- Ich kann mich spontan in andere hineinfühlen und deren Individualität erfassen.

Mars Sextil Uranus (3°)

- Ich handle spontan – und stets mit Vollgas!
- Eine neue Idee? Eine neue Möglichkeit? Ein richtiger Mann? Oh, cool, auf geht's!!!
- Wie sagt man doch?: „Hinter jeder Ecke lauert eine neue Richtung." Wie gut, daß es im Leben so viele Ecken gibt!
- Handeln ist nicht planbar. Jede Tat beruht auf dem Augenblick und auf dem Neuen, das der Augenblick bringt. Manche (und auch ich selber) sagen, ich sei unpünktlich. Das ist ein Mißverständnis. Ich liebe das Leben und deshalb gehe ich auf das ein, was das Leben mir bringt, und daher entwickelt sich keine Handlung so, wie sie geplant gewesen ist, denn das Leben bringt eine solche reiche Fülle an Überraschungen in mein Leben … und es kann doch niemand ernsthaft wollen, daß ich mein Leben verpasse …

Neptun im Schützen

- Kunst macht das Mögliche sichtbar – und das tue ich in meinem Leben – so, wie es mir gerade passend erscheint und oft auch einfach nur im Kleinen.
- Religion macht das Potential erreichbar – und auch das tue ich in meinem Leben – auf meine Weise.
- Gemeinschaft hilft das Ideal zu erreichen – das ist das, was ich tue.
- Ich will für alle das Beste.
- In meinen Tagträume erfasse ich das Potential in dem, worüber ich tagträume.
- Mit meiner Phantasie erkunde ich die Möglichkeiten der Welt.
- Im vor-mich-hin-Träumen erfasse ich, wer ich sein könnte, was Du sein könntest, was wir sein könnten, was die Welt sein könnte …

Neptun im 2. Haus

- Besitz fließt dahin, wo er gebraucht wird.
- Ich habe ein offenes Haus.
- Ich mag feinen Geschmack, Gewürze, Aromen, Düfte, Klänge …
- Du brauchst einen Pullover? Hier, ich schenke Dir meinen.
- Die Welt gehört niemanden – daher sollten wir jeden Besitz dorthin fließen lassen, wo er gebraucht wird.
- Geld sollte in der Welt frei fließen können und jeder sollte das haben, was er braucht – und tun, was er will.
- Kunst sollte Substanz annehmen, anfaßbar sein, begreifbar sein – im doppelten

Sinne … Ton kneten, Steine klopfen, Erde formen … das ist Kunst!
- Religion sollte die Gesundheit fördern, den Körper stärken, die Freude über den eigenen Leib vergrößern …
- Gemeinschaft zeigt sich im Zusammenwohnen.
- Eine Grenze zwischen meinem Ich und Deinem Du? Wo sollte die denn sein? In der Begegnung wird man eins, berührt sich Haut und Haut, Hand und Hand, Arm und Arm … und man wird zu zweit eins …

Neptun Halbsextil Uranus (1°)

- Kunst ist spontan.
- Ideen sind wie Überschwemmungen – sie ergreifen und überfluten alles … und das ist gut so.
- Phantasie kommt plötzlich – und manchmal auch heftig.

Neptun Halbsextil Sonne (1°)

- Wenn ich etwas will, schaue ich auch auf die anderen – manchmal.
- Die Freude der anderen berührt mich – und genauso ihr Leid.

Neptun Halbsextil Mars (3°)

- Kunst und Träume wollen verwirklicht werden – aber das geht nur manchmal.
- Manchmal wird mein Handeln ungenau und zerfließt …

Pluto in der Waage

- Die Welt ist im Innersten Harmonie und Beziehung.
- Ich habe ein gutes Gespür dafür, wer zusammenpaßt und wer nicht.
- Ich will die Harmonie und das Wohlergehen erhalten und fördern.
- Ich bin Pazifistin.
- Gott ist Schönheit und Liebe und Vereinigung.
- Alles besteht aus Ergänzungs-Gegensätzen, aus Feuer und Wasser, aus Mann und Frau, aus Yin und Yang … und dazwischen schwingt und pulsiert das Leben.
- Ich bin Rhythmus – auch wenn ich nicht immer im Takt bin …
- Ich bin Harmonie – auch wenn ich hin und wieder aus dem Rahmen falle …

- Ich bin Freude – und ich komme des öfteren unerwartet …

Pluto im 12. Haus

- Alles Wesentliche ist nicht nur meins, sondern betrifft die ganze Welt.
- Ich trage eine Mit-Verantwortung für meine gesamte Umgebung, für alle Menschen, die mir nahe sind und zu denen ich einen Kontakt habe.
- Es gibt letztlich keine Grenze zwischen mir und der Welt … Mein Leib entsteht aus den Pflanzen, die ich esse … meine Kraft kommt aus der Luft, die ich atme, zu mir … meine Lebendigkeit schöpfe ich aus dem Wasser, das ich trinke … ich bin Ich, aber dieses Ich ist keine abgegrenzte, isolierte Kugel; mein Ich ist ein Muster, ein Mandala in dem Teppich der Welt, in der alles aus endlosen Fäden gewebt und gewirkt und gestrickt ist, die sich durch mich und durch Dich und durch alle Dinge ziehen und die mein Muster bilden und Dein Muster und das Muster des Lebens und der ganzen Welt … und es sind überall dieselben Fäden …

Pluto Quadrat Sonne (2°)

- Ich sehe, was wesentlich ist – aber ich identifiziere mich nicht damit – warum auch?
- Ich fühle mich in meinem Innersten mit der Welt, die mich umgibt, verbunden, aber ich bin nicht das, was mich umgibt.
- Ich lebe als Teil der Welt und der Menschen, die mich umgeben, aber ich treffe meine eigenen Entscheidungen für mich.
- Ich bin ein Teil der Welt und bin daher von allem betroffen; und daher ich will, daß es allen gut geht – aber ich lebe und handle nur aus mir heraus und nur für mich.
- Ich lasse mich durch niemanden in dem, was ich gerade will, beirren. Warum sollte ich mich auch von meinem eigenen Leben ablenken lassen?

Pluto Quadrat Mars (4°)

- Ich sehe, was wesentlich ist – aber ich bin nicht die, die das umsetzt.
- Ich lebe als Teil der Welt und der Menschen, die mich umgeben, und ich bin bereit, mit ihnen zu fühlen und zu schauen, aber handeln muß jeder selber.
- Ich trenne meine Taten von dem, was in der Welt geschieht.
- Meine Taten sind meine Taten, aber nicht das Wesentliche, was in der Welt geschieht.
- Ich teile mein Bett, mit wem ich will, und ich teile meine Erotik, mit wem ich will –

und das hat nichts mit dem zu tun, was mir in meinem Leben als das Wesentliche erscheint.
- Ich fühle mich mit allen verbunden und daher auch für das Leben aller verantwortlich. Aber das Leben der anderen ist nicht mein Leben. Ich kann an den Leben der anderen teilnehmen, aber ihr Leben leben und handeln müssen sie selber – und nicht ich!
- Ich muß nicht die Welt retten, auch wenn ich sehe, daß die Welt gerettet werden muß. Aber ich kann in meinem kleinen Rahmen sinnvoll handeln.
- Ich tue das, was ich gerade will; ich tue das, was mir gerade Spaß macht – und jeden Überbau, jedes Ideal, jedes Ziel, jede Hoffnung auf etwas Größeres, auf etwas Bedeutendes, auf etwas, was für die Allgemeinheit gut ist, was die Welt verändert, lasse ich fort, denn das stört und behindert nur das freudige Handeln im Augenblick! Keine „Hoffnung" zu haben bedeutet ganz im Hier und Jetzt zu sein und sich von keinerlei Prinzipien oder „Großen Dingen" im Wollen und im Tun behindern zu lassen. „Keine Hoffnung zu haben" bedeutet für mich, frei zu sein.

Pluto Sextil Neptun (0°)

- Kunst, Religion, Ökologie und Gemeinschaft sind Ausdruck dessen, was wesentlich ist.
- Mein Leben ist ein Kunstwerk – aber keins nach irgendwelchen Vorschriften.
- Mein Leben ist Religion – aber keine, die irgendwelchen Regeln folgt, sondern nur dem Puls des Lebens selber.
- Mein Leben ist von der Liebe zu Mama Erde geprägt – und da heraus sorge ich im Rahmen meiner Möglichkeiten für die Erde.
- Mein Leben ist Gemeinschaft – und ich suche immer wieder aufs Neue die richtige Form dafür.
- Mein Leben ist Frieden – und dafür kämpfe ich!

Pluto Halbsextil Uranus (0°)

- Das Wesentliche kommt manchmal plötzlich – eigentlich fast immer.
- Und auch ich bin plötzlich – und dann meistens ganz und gar und mit Haut und Haaren.

Sonne, Mars, Neptun, Uranus und Pluto

- Ich tue in jedem Augenblick, was ich will – und das mit der ganzen Kraft, die ich habe. Und das, was ich will und tue, muß keineswegs das Wesentliche sein, aber es ist das, was ich gerade spontan will und tue – und darin liegt die Freude des Augenblicks.
- Ich wechsle zwischen massiver Überzeugung und kontemplativem Nichtstun.
- Ich wechsle zwischen spontanem Eigensinn und Gemeinschaft.
- Ich wechsle zwischen Egoismus und Verantwortung für andere.
- Ich wechsle zwischen spontaner Aktivität und genießendem Rauchen.
- Ich habe endlos nach der sinnvolle Aufgabe in meinem Leben gesucht – jetzt sehe ich, daß die Welt ihren Sinn selber in sich trägt und daß ich nur in ihr zu leben und zu tanzen brauche, ohne nach irgendetwas „Großem" zu suchen.

Saturn in der Jungfrau

- Ich habe ein detailliertes und genaues Bild von mir und von der Welt – oder hätte es zumindestens gerne.
- Ich achte auf Details und darauf, daß die Dinge „stimmen".
- Die Welt muß geordnet sein, daß man in ihr leben kann.
- Ich erinnere mich an Details aus meiner Vergangenheit – wenn sie gerade gebraucht werden.
- Mein Gedächtnis ist spontan – es meldet sich, wenn es tatsächlich gebraucht wird, aber nicht einfach nur deshalb, weil ich es will …
- Ich schätze Sachkenntnis sehr.
- Ich prüfe den Boden, auf dem ich mein Haus baue (auch wenn ich das manchmal in meiner Spontanität vergesse …).

Saturn im 11. Haus

- Mein Weltbild ist ein allgemeines Weltbild. Das, was ich weiß, gilt auch für alle anderen. Ich suche die Objektivität, denn nur die gibt mir einen Halt.
- Ich weiß, wie es ist.
- Ich abstrahiere alle meine Erlebnisse zu einer allgemeinen Regel – die daher auch für die anderen gilt. Ich habe allerdings inzwischen gemerkt, daß diese allgemeinen Regeln nicht für alle dieselben zu sein scheinen …

Saturn Sextil Uranus (5°)

- Erinnerung ist spontan – auf jeden Fall bei mir …
- Natürlich gibt es die Geschichte, natürlich gibt es die Biographie, natürlich gibt es die Naturgesetze – aber es gibt nichts, was nicht plötzlich auch mal anders geschehen könnte als bisher.
- Erfahrung ist nützlich, aber sie ist nicht alles – es gibt stets neue Möglichkeiten, die das bisher Undenkbare Wirklichkeit werden lassen. Und deshalb tanze ich, wie's mir gefällt und ergreife das, was der Augenblick mir bringt – sei es nun altbekannt oder völlig neu!
- Es gibt kein Gesetz und kein Naturgesetz, das die Kraft haben könnte, die Freiheit, die in allen Dingen liegt, einzuschränken – welche Regel, welches Gesetz, welcher Mensch könnte denn mächtiger sein als die freie Spontanität des Lebens?

Mond im Krebs

- Ich bin empfindsam.
- Ich will umknudelt werden.
- Ich bin ein Familienmensch.
- Ich erschaffe mir meine Familie selber.
- Ich bin viel in meinem Gemüt und brüte über die Gefühle, Erinnerungen und Vorstellungen in mir.
- Ich bin sehr sensibel, auch wenn man das vielleicht nicht sofort merkt.
- Ich bin Geborgenheit, ich lebe in Geborgenheit, ich gebe Geborgenheit.
- Kleine Kinder sind die Quelle des Lebens.
- Ich lebe … in der Schwitzhütte … im Bauch von Mutter Erde … im Arm der Freundin … in der Umarmung meines Geliebten … im Kuscheln mit meinem Kind … im vertrauten Zusammensein mit Freunden und Freundinnen …
- Und die, die mir nah sind, sind meine Schwestern und meine Brüder …

Mond im 9. Haus

- Wenn mir etwas gefällt, nehme ich sofort Kontakt auf. Warum warten, wenn etwas schön und begeisternd ist?
- Liebe auf den ersten Blick? Na klar! Und nicht nur zu Männern …
- Wenn ich einem Menschen nah bin, sehe ich, was aus ihm werden könnte und strebe das an.
- Wenn ich eine Sache oder eine Situation sehe, sehe ich das Potential, das in ihr liegt.

Merkur im Steinbock

- Ich ordne, denke und spreche sachlich und realitätsbezogen.
- Wenn ich eine Meinung zu etwas habe, will ich, daß sie auch tragfähig ist – und dafür sorge ich.
- Ich habe recht. Aber ich bin auch in der Lage einzusehen, wenn ich mal nicht recht haben sollte.
- Ich habe eine Vorliebe für plausible und klare Argumentationen und gut dargestellte Zusammenhänge, auch wenn ich die in der Regel nicht selber finde.

Merkur im 3. Haus

- Systematisch denken? Nein danke!
- Den Dingen mit meinen Gedanken folgen, die gerade am spannendsten aussehen? Ja, gerne!
- Und jemandem zuhören, der Sachverstand und eine klare Sprache hat? Ja, gerne!
- Und mein Zuhören ist für den, der spricht, anregend …
- Und auch meine Worte sind für den, der zuhört, eine große Bereicherung …

Mond Opposition Merkur (3°)

- Entweder habe ich Kontakt zu jemandem oder zu etwas – oder ich denke und rede. Aber streicheln und reden gleichzeitig? Wie soll denn das gehen?
- Entweder bin ich in meiner Wahrnehmung **oder** in meinem Verstand. Und ich kann zwischen beiden wechseln – auch wenn mein Worte oft die Neigung haben, lauter als meine Wahrnehmung zu sein.
- Gemütsregungen in Worte fassen? Naja, wenn's denn sein muß … Aber eigentlich ist es mir lieber, mein Gemüt durch meine Gesten und meine Mimik auszudrücken … und mit meinen Worten nur meine Gedanken …
- Ich habe eine Bitte an Dich: Wenn ich rede, endet die Nähe; wenn ich schweige, beginnt die Nähe … drum urteile nicht falsch über die Härte meiner Worte, wenn ich spreche, denn wenn ich spreche, zieht sich meine liebevolle, geschwisterliche Nähe still zurück und läßt die Worte reden und wartet, bis sie fertig sind – danach ist dann wieder die Zeit für die liebevolle Nähe und das Kuscheln … Beides ist in mir und beides ist in mir für Dich da, vergiß das nicht, damit Du nicht nur die denkende Distanz siehst, wenn ich spreche, sondern Dich auch daran erinnerst, daß die Nähe auf ihre Zeit wartet … und diese Zeit muß gar nicht fern sein … Und wenn wir unsere Nähe genießen, dann warte nicht auf Worte, die mehr sind als das zufriedene, genießende

Schnurren einer Katze, die gekrault wird … Wenn Du Dir dessen bewußt bleibst, werden wir zwei es einfacher miteinander haben … Danke!

Venus im Schützen

- Ich kann mich schnell verlieben.
- Ich will nur das Beste.
- Ich kann mich begeistern. Und das, wofür ich mich begeistern kann, will ich auch haben.
- Liebe auf den ersten Blick? Wie denn sonst?

Venus im 2. Haus

- Freund-sein ist mein Beruf.
- Das, was schön ist, soll in meinem Haus sein.
- Das, was ich mag, soll meinen Garten erfüllen.
- Das, was gut schmeckt, soll meinen Magen füllen.
- Das, was gut duftet, soll meine Haut pflegen.
- Das, was ich liebe, will ich in meinen Armen halten.
- Das, was harmonisch ist, soll mein Leben schmücken.

Venus Quincunx Mond (2°)

- Ich finde das eine schön und das andere ist in meiner Nähe – und ich sorge immer wieder dafür, daß auch das Schöne in meiner Nähe ist und daß das, was mir nah ist, auch schön ist.
- Nähe und Liebe gehen nicht immer Hand in Hand – aber ich weiß, wie ich ihnen zuhören und auf sie eingehen muß, daß sie sich immer wieder zusammentun. Und auf diese Weise lerne ich sie beide immer besser kennen – und auch die, die mir nah sind und die, die ich liebe.

Venus Halbsextil Merkur (0°)

- Wenn es gebraucht wird, kann ich auch Gefühle in Worten ausdrücken – aber ist es mir lieber, wenn die anderen mir meine Gefühle ansehen können und wenn sie nicht zu oft auf die Gefühle in meinem Worten warten.

Jupiter im Löwen

- Ich plane mein Leben selber.
- Ich bin eigenständig.
- Ich lebe in meinem eigenen Garten.
- Ich bestimme selber, was ich was tue – schließlich weiß ich selber am besten, was gut für mich ist und was ich will!
- Ich ordne mich niemals unter – außer der offenkundigen Sachkenntnis und Menschenliebe eines anderen. Dann kann ich mich auch führen lassen.
- Ich liebe die Individualität und lebe mein eigenes So-sein und fördere auch die Eigenheiten aller anderen Menschen, mit denen ich zu tun habe.
- Jeder lebe sein eigenes Leben – und nicht irgendeinen von anderen vorgefertigten Lebens-Plan!
- Seid alle mutig und tut, was ihr wollt! Wozu sonst könnte dieses Leben da sein?
- Long live individuality!

Jupiter im 10. Haus

- Meine Ziele sind fest und beständig – und sie sollen für alle sichtbar sein.
- Ich will etwas in der Welt erreichen, was öffentlich sichtbar ist.
- Ich will mich und mein Werk der Welt zeigen.
- Ich will etwas erschaffen … ein Werk, eine Beziehung, eine Gemeinschaft … und dafür will ich eine feste, verbindliche Form finden, die genau das ausdrückt, was in meinem Herzen leuchtet.

Jupiter Quincunx Merkur (0°)

- Ich denke. Und ich erkenne etwas. Und dann spreche ich es aus. Und dann vergesse ich es wieder. Zumindestens scheint das anderen (und manchmal auch mir selber) so zu sein. Doch das ist ein Mißverständnis. Mein Verstand formt in jedem Augenblick, wo es gebraucht wird, aus dem, was ich weiß, die Form, die gerade gebraucht wird, und so kann ich dann das sagen, was förderlich ist. Doch warum sollte ich das festhalten und mich an den Augenblick klammern? Es wird ein neuer Augenblick kommen und der wird anders sein als der vorige – und dann fügt sich das, was ich in mir trage, zu einer neuen Erkenntnis und Weisheit zusammen. Auf diese Weise ist das, was ich sage, stets frisch und im Augenblick und auf den bezogen, der mich fragt … das ist Leben!

Jupiter Trigon Venus (0°)

- Ich lebe eine Fülle von Gefühlen.
- Ich liebe. Ich liebe viele Menschen. Menschen zu lieben, ist das, was mein Leben ist. Und diese Liebe zu ihnen füge ich zu einer weiten Form zusammen, sodaß sie alle Platz in meinem Leben haben. Und ich genieße diese Fülle.

Jupiter Halbsextil Mond (2°)

- Manchmal kann ich auch Nähe organisieren, der Geborgenheit eine Form geben, Menschen zu einer Gemeinschaft zusammenfügen … manchmal …

Mond, Merkur, Venus und Jupiter

- Meine Liebe zu den Menschen, die mir nah sind, und die Gemeinschaft, die daraus entsteht, sind das Leben für mich. In dieser Gemeinschaft entsteht die Nähe – sie kommt und geht, sie flutet und ebbt, aber sie ist immer in Fülle da, auch wenn sie sich verändert … Und in dieser Gemeinschaft entstehen die Gespräche – auch sie sind spontan und ohne System … aber sie entstehen immer wieder und sie sind immer wieder neu und lebendig und erfüllend …

20. c) Horoskop-Beispiel 3

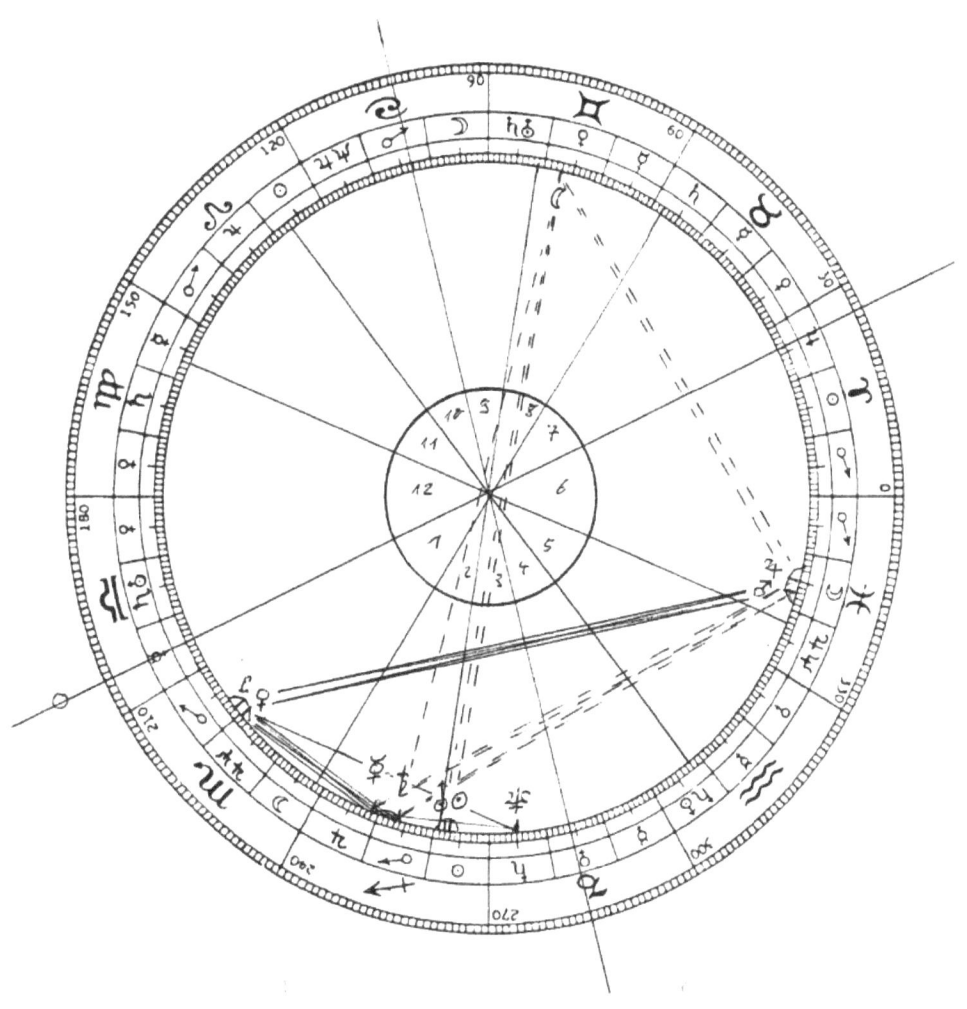

Der Regisseur

- Ich bin ich.
- Ich bin mir meiner selber bewußt.
- Ich bin Feuer. Ich bin Licht.
- Ich bin die schöpferische Verwandlung.

Aszendent Widder

- Ich bin im Hier und Jetzt.
- Nur der Augenblick ist real – und jeder Augenblick ist neu.
- Ich lebe in jedem Augenblick mit allem, was ich bin.
- Ich bin die Tat.
- Ich bin der Anfang.
- Ich mache keine halben Sachen – und das tue ich sofort.
- Erst tun – dann denken.
- Die Gelegenheit beim Schopfe packen – das ist die ganze Weisheit, die gebraucht wird.

Pluto im Skorpion

- Die Quelle aller Dinge ist die Verwandlung; und das, was durch sie entsteht, ist die Einsgerichtetheit. Das ist der Ort, aus dem heraus ich lebe. Es gibt keinen anderen, der irgendeinen Sinn ergibt.
- Zwei Dinge sind wesentlich: Brahmas Traum, der alles erschafft und Shivas Tanz, der alles auflöst. Dazwischen entstehen die vergänglichen Formen in Vishnus Reich.
- Letztlich zählt immer nur der Sieg. Egal, wie man ihn erreicht.
- Ich setzte mich durch, weil ich in Verbindung mit der Quelle des Lebens bin und aus dieser Quelle heraus lebe.
- Leben ist Kampf. Und ich werde der Stärkere sein.
- Die größere Intensität ist das, woran man den richtigen Weg erkennt.
- Der Pfad zur Intensität ist die Überwindung – die Überwindung der Schwierigkeiten, die Überwindung von Hindernissen, meine Überwindung von mir selber …
- Ich will prägen. Und ich werde prägen – je mehr, um so besser. Und ich werde die Dinge zum Guten hin prägen, denn ich sehe, was das Gute ist. Dafür setze ich mich ein. Dafür lebe ich. Dafür opfere ich mich selber.

Pluto im 7. Haus

- Die Quelle aller Dinge ist die Spannung in der Beziehung: der Ekstase-Tanz der Erotik. Das ist das, was ich lebe.
- Tantra ist die Essenz der magisch-religiösen Weisheit: die Vereinigung von Shiva und Shakti. Das ist das, was ich will.
- Die Essenz der Selbsterkenntnis und der Selbstverwirklichung ist die Vereinigung des inneren Mannes mit der inneren Frau – das ist das wesentliche Erlebnis im Tantra-Yoga.
- Das Wesentliche im Leben ist die Beziehung – die Begegnung zwischen Ich und Du. Dem ist alles andere untergeordnet. Dafür kämpfe ich. Dafür erobere ich. Das werde ich erreichen.
- Nirgendwo ist die Verwandlung so intensiv wie in Beziehungen. Mal geht diese Verwandlung von mir aus – mal geht sie von der Frau aus.
- Nichts geht so sehr an die Substanz wie Beziehungen.
- Die existentielle Intensität der Beziehungen kann zu vielem führen: zur Versklavung … zur Dominanz … zur Erleuchtung … zur Abhängigkeit … zur Glückseligkeit … und am wahrscheinlichsten zu einem ständigen Wechsel zwischen all diesen Möglichkeiten oder zu einem Gemisch von ihnen …

Venus im Skorpion

- Liebe ist Intensität, Spannung, Verwandlung, Kampf, Auflösung, Hingabe und Durchsetzung und vor allem Ekstase, Weitung und Überwindung der Grenzen des Ichs.
- Ich liebe nie mit halbem Herzen. Ich will die Begegnung mit der ganzen Intensität, die möglich ist – und dann noch einmal das Doppelte davon!
- Ich steigere die Gefühle … sie steigern sich von selber … es liegt im Wesen der Begegnung, daß die Gefühle immer heftiger werden … ich bin diese Gefühle … ich bin selber diese Heftigkeit …

Venus im 7. Haus

- Die Liebe zum Du.
- Ich strebe nach Beziehungen voller Gefühlen, Zuneigungen, Gemeinsamkeit … nach einer Begegnung, die von Rosenduft erfüllt ist …
- Ich bin liebevoll zu meiner Geliebten, zu meinen Freunden, zu jedem, der für mich ein „Du" ist.

Pluto Konjunktion Venus (2,5°)

- Ich liebe absolut.
- Ich liebe mit allem, was ich bin.
- Ich liebe mit allem, was ich bin, ohne auch nur eine einzige Zelle, einen einzigen Atemhauch zurückzuhalten. Wenn ich liebe, sehe ich nichts anderes mehr als die Geliebte. Ich bin auf sie fixiert. Die Liebe ist die Essenz des Lebens. Gott ist erotisches Verlangen!
- Ich weiß, was ich fühle. Ich weiß, wie meine Gefühle sind. Ich weiß, daß sie richtig sind. Daher will ich in den Gefühlen zwischen mir und den Menschen führen und gestalten.
- Ich bin Liebe – die Liebe zu mir selber, die Liebe zu meiner Geliebten, die Liebe zu meinen Freunden und zu meinen Verwandten, die Liebe zu den Menschen, die Liebe zur Erde … das bin ich.

Mars in den Fischen

- Ich habe einen niedrigen Muskeltonus.
- Ich lasse mich in meinem Handeln von dem Fluß der Dinge lenken.
- Ich spüre den Weg des geringsten Widerstandes, ich spüre im Kampf die Schwächen meiner Gegner, ich spüre beim „Tanz auf den Bettlaken" den Weg der Lust …
- Ich bewege mich wie der Kapitän eines Segelschiffes: Ich sehe die Strömungen des Meeres, ich sehe den Wind unter dem Himmelszelt, ich kenne mein Ziel in der Ferne – und ich richte die Rahen ein wenig nach Lee, wende das Steuer ein wenig nach Luv … und so werde ich mit wenig Aufwand mein Ziel erreichen.

Mars im 12. Haus

- Meine Handlungen sind in Verbindung mit allem, was mich umgibt.
- Meine Handlungen beziehen sich auf die ganze Welt.
- Ich handle aus der spirituellen Welt heraus in der materiellen Welt.
- Meine Taten sind ein Kunstwerk.
- Meine Taten sind ökologisch – sie heilen die Welt.
- Meine Taten sind eine Freude für die Menschen.

Jupiter in den Fischen

- Meine Pläne sind Gefühls-Visionen, weltverbessernde Absichten, Menschen-verbindende Träume, inspirierende Bilder …
- Ich organisiere die Verbesserung der Lage der Menschheit. Dabei entsteht in mir eine Vision, die ich mit anderen teile. Dann rege ich andere an, schaffe Verbindungen, setze Impulse, sodaß die Entwicklung in Gang kommt und eine Eigendynamik erhält – aber ich bleibe stets ihr Steuermann und lenke sie im Sinne der Verbesserung der Lage der Menschheit.
- Ich stehe im Zentrum der Veränderung, in der Mitte der Planung und Organisation, ich bin der, der die Fäden zieht, die Tore öffnet, die Brücken baut – und als das will ich auch gesehen werden.

Jupiter im 12. Haus

- Meine Pläne sollen eine weite Wirkung haben.
- Ich bin ein Manager des Wohles der Menschheit.
- Ich bin ein Erlöser.

Mars Konjunktion Jupiter (2°)

- Das, was ich plane, tue ich auch.
- Ich handle nicht nur für mich, sondern stets für die Gemeinschaft, für ein Projekt, für ein größeres Ziel, für die Menschheit.
- Schöpfung und Organisation ist Kampf.
- Einzelkampf ist wenig sinnvoll – greife mit einem Heer an, dann bist Du erfolgreicher.
- Suche Verbündete. Suche viele Verbündete. Aber bleibe stets der Heerführer.

Mars Trigon Pluto (4,5°)

- Ich handle mit all meiner Kraft. Ich mache keine halbherzigen Dinge.
- Sex ohne existentielle Ekstase? Nein, danke.
- Ich bin ein Krieger. Und ich bin nicht nur ein einfacher Krieger, sondern ein Berserker, ein Ulfhedinn, ein Ekstase-Krieger, ein Samurai, ein Shaolin, ein Tempelritter.
- Was ist das Ziel eines Kriegers? Wie der Erzengel Michael zu werden.

Mars Trigon Venus (2°)

- Ich bin leidenschaftlich.
- Erotik und Sex sind eins.
- Das Feuer und die Rose sind eins.
- Die Hitze und der betörende Duft sind eins.
- Gefühl und Tat sind eins.
- Mann und Frau sind eins.

Jupiter Trigon Pluto (6°)

- Ich erkenne die Vision, die die Erlösung bringt.
- Ich erkenne, wie es wirklich ist.
- Es ist meine Aufgabe, den Menschen die Lösung zu zeigen.
- Es ist meine Aufgabe, die Menschen aufzuwecken.

Jupiter Trigon Venus (4°)

- Liebe hat viele Formen. Liebe will sich in vielen Formen ausdrücken. Liebe will sich in der Gemeinschaft mit vielen Menschen ausdrücken. Liebe will sich in der Vereinigung mit vielen Frauen ausdrücken. Ich trage eine Weite in mir, in der für mehrere Beziehungen, Verbindungen und innige Freundschaften Raum ist. Diese Vielfalt und diese Freude an der Verbindung von mehreren Menschen, dieses Genießen der Begegnung ohne Einschränkungen ist eine Bereicherung des Lebens.

Pluto/Venus -(4 Trigone)- Mars/Jupiter

- Ich bin ein Kriegs-König!
- Ich bin ein Heerführer!
- Ich bringe der Welt die Erlösung!
- Ich bin der Anführer.
- Ich weiß den Weg. Folgt mir!
- Ich lenke die Taten der Gemeinschaft.
- Ich siege durch meine Liebe.

Mond in den Zwillingen

- Ich kann an vielen Orten zuhause sein.
- Ich bin voll von einer Vielfalt an Bildern.
- Meine Stimmungen tanzen und sind wechselhaft wie der Wind.
- Ich brauche die Vielfarbigkeit, um mich behaglich zu fühlen.
- Ich suche Nähe auf vielerlei Weise und zu vielen Menschen und Dingen.
- Es ist leicht für mich, Kontakt zu finden.
- Es ist leicht für mich, Menschen zu berühren.
- Ich bin groß und habe große Ziele – aber ich bin auch verspielt und bin gerne ein Kobold und tanze gerne fröhlich durchs Leben. Möge es immer genügend Freiraum in mir dafür geben – und genügend Zeit und Eigenständigkeit und Lebensfreude!
- Lachen ist der Beste aller Zustände.

Mond im 2. Haus

- Ich suche die sichere Geborgenheit im Haus, im Heim, in der Heimat.
- Ich baue ein Nest für mich und für meine Lieben.
- Was ist die Essenz der Geborgenheit? Die liebevolle Umarmung.

Mond Quadrat Mars (4°)

- Ich lebe meine Sexualität und meine Nähe unabhängig voneinander. Ich kann beides mit demselben Menschen leben, aber es sind trotzdem immer zwei grundsätzlich verschiedene Dinge, die ich dann mit diesem Menschen teile: entweder die existentielle Liebe und Gemeinschaft und Erotik oder die Geborgenheit und Nähe.
- Es ist wichtig für mich, beides zu unterscheiden – sonst werde ich schnell verletzt.
- Es ist wichtig für mich, beides zu unterscheiden – sonst werde ich schnell verletzend.
- Wenn ich auf diese Trennung nicht achte, werde ich dominant, zwinge die, die ich liebe … Wenn ich darauf achte, werde ich freilassend und liebevoll.
- Ich kenne den Mann, der die Frau verläßt. Ich kenne den Menschen, der aus dem Nest gefallen ist. Ich kenne die Gewalt, die die Geborgenheit zerstört. Ich kenne die Aggression, die die Nähe vernichtet. Ich kenne diese Enge, diese Angst, diese Verzweiflung. Ich will sie heilen. Ich will sie spüren, damit sie heilen kann. Ich will ihnen nicht mehr ausweichen, damit die Wunden heilen können. Dann werde ich die, die ich liebe, frei lassen. Dann werde ich denen, die ich liebe, ihren Raum geben und sie tanzen lassen – vollkommen frei. Dann werde auch ich den Raum haben, mich so

zu bewegen, wie es mir entspricht. Und dann werde ich in der vollkommenen Freiheit derer, die ich liebe, Geborgenheit finden.

Mond Quadrat Jupiter (2,5°)

- Ich lebe meine Ziele und meine Nähe unabhängig voneinander. Ich lebe meine Ideale und meine Geborgenheit unabhängig voneinander.
- Ich will mir stets bewußt sein, wo ich gerade bin – und nicht zulassen, daß meine Ziele die Geborgenheit, die ich habe, eng werden lassen.
- Ich will mir stets bewußt bleiben, was ich gerade tue, damit mein Bedürfnis nach Nähe nicht meinen Blick für meine Ziele trübt.
- Ich werde die, die mir nahe sind, nicht in meine Pläne einspannen, ich werde sie nicht meinen Idealen unterordnen, ich werde sie nicht mit meinen Werten beurteilen, ich werde sie nicht in das, was ich für richtig halte, einsperren – denn ich will, daß die, die mir nahe sind, gedeihen ... aus ihrem eigenen Wesen heraus, aus ihrer eigenen Herzensvision heraus. Und dieselbe Freiheit nehme ich mir auch für mich selber – ich werde mich durch die Nähe zu den geliebten Menschen nicht von meinen Visionen und Plänen und Zielen abhalten lassen. Durch diese Trennung von idealistischer Lebensorganisation und Geborgenheit im Heim entsteht ein wohltuender Freiraum, der die Begegnung gedeihen lassen kann.

Mond Quadrat Jupiter/Mars

- Mein von Idealen gelenktes Handeln in der Welt und für die Welt ist ein anderer Teil von mir als das Nest, in dem ich Geborgenheit finde. Ich unterscheide und trenne beides, damit beides intakt bleibt, damit keines der beiden das andere einengt oder verletzt. Dadurch werde ich frei im Handeln in der Welt – und ich kann in das Nest zurückkehren. Und dadurch wird auch das Nest selber sicher – denn ich werde mein die Welt verbesserndes Handeln draußen lassen. Auf diese Weise kann sich beides entfalten und gedeihen – meine Berufung in der Welt und meine Geborgenheit in meinem Nest.
- Ich achte darauf, daß ich nicht nur endlos kämpfe, sondern auch Zeiten der Stille in meinem Nest habe – Erschöpfung durch Selbstüberforderung und Selbstaufopferung kenne ich bereits zur Genüge ...

•

Merkur im Schützen

- Wenn ich denke, blicke ich auf das Ziel.
- Gedanken sind Schritte auf dem Weg zum Ziel.
- Ich erfasse das richtige Ziel ohne daß ich die Details kennen müßte – einfach an der Qualität des Zieles. Darin irre ich mich nie.
- Ich spreche begeistert und begeisternd.

Merkur im 8. Haus

- Ich kenne die Wahrheit.
- Ich werde die Wahrheit bekannt machen.
- Ich werde Reden halten, um die Menschen von der Wahrheit zu begeistern.
- Ich werde die Menschen zur Einsicht führen.
- Ich spreche, um meine Ziele zu erreichen. Sprechen hat stets eine Absicht und ist niemals nur Erkenntnis. Worte wollen ein Ziel erreichen – darum geht es.

Saturn im Schützen

- Erfahrung ist dafür da, die Ziele besser formulieren zu können.
- Die Biographie ist immer eine Erkenntnis des „Wohin?" und nicht eine Betrachtung des „Woher?".
- Alles Feste, jede Form, ein jeglicher Beschluß, alle Verfassungen, ein jedes Gesetz soll der Verbesserung der Situation dienen und zu einem großen Ziel führen.
- Und ich werde an diesem großen Ziel mitschreiben.

Saturn im 8. Haus

- Erkenntnisse sind das Brennholz der Revolution.
- Das Verstehen der Vergangenheit dient dem Erreichen der besseren Zukunft.
- Lebenserfahrung dient der Beschleunigung der Segen-spendenden Verwandlung.
- Erfahrung macht den Krieger stärker.

Saturn Konjunktion Merkur (5°)

- Meine Erkenntnis ist realitätsbezogen.
- Ich bin sachlich im Denken.
- Ich habe ein gutes Gedächtnis für Worte.
- Ich erkenne, wie es wirklich ist. Daher habe ich recht.
- Ich präge Diskussionen.
- Ich erschaffe den angemessenen Rahmen für Gespräche.
- Ich erschaffe die rhetorisch-strategischen Grundlagen für den Sieg in der Diskussion.
- Ich führe Rede-Kämpfe, die die Situation aller Beteiligten verbessern – und die vertreiben, die keine Einsicht zeigen.

Saturn Quadrat Mars (0°)

- Wenn ich in meinem Tun eher unbewußt bin, kämpfe ich gegen die alten Formen – und verliere dabei nach und nach meine ganze Kraft. Das ist gut gemeint und lobenswert, aber uneffektiv und trägt letztlich keine Früchte. Wenn ich mich jedoch von der alten Form befreie und in der neuen Form handle und mein Ziel anstrebe, gewinne ich Freude und Lebenskraft und erreiche mein Ziel. Tatkraft sollte stets auf das Ziel und nie auf den Gegner ausgerichtet sein.

Saturn Quadrat Jupiter (2°)

- Wenn ich in meinen Zielen unbewußt bin, versuche ich, das Alte durch meine Ideale zu verbessern – bis das Gewicht des Alten mein Bestreben erdrückt. Das ist gut gemeint, aber nicht sinnvoll, da es zur völligen Erschöpfung führt. Wenn ich mich von der alten Form befreie und meine eigene, neue Form aufbaue und sie pflege, dann wird sie wachsen und gedeihen. Planen und Organisieren und Aufbau sollte stets auf das gute Neue und niemals auf das hinderliche Alte ausgerichtet sein.

Merkur Quadrat Mars (5°)

- Wenn ich Kämpfe mit Worten führe und meine Gegner angreife, werde ich verlieren … sowohl den Streit als auch meine Kraft.
- Wenn ich einfach die Dinge ausspreche, die wahr sind – in aller Schärfe und in aller Begeisterung und in aller Deutlichkeit – dann werde ich die Menschen bewegen

können, denn sie werden die Wahrheit in meinen Worten spüren.
- Ich will mit meinen Worten nicht auf Mißstände hinweisen – ich will mit meinen Worten Tore zu dem Besseren hin öffnen.

Merkur Quadrat Jupiter (7°)

- Ich rede nicht gerne in großen Zusammenhängen – es ist mir lieber, schlicht und direkt auf das Ziel zuzugehen.

Saturn/Merkur -(4 Quadrate)- Mars/Jupiter

- Ich bin ein friedvoller Krieger, der nicht gegen etwas, sondern für etwas kämpft.
- Ich bin ein friedvoller Krieger, der nicht versucht, etwas Altes aufzulösen, sondern der etwas Neues erschafft. Wenn das Neue groß genug geworden ist, wird das Alte von selber vergehen …
- Das ist die Verwandlung ohne Anstrengung. Das ist der Sieg ohne Kampf.
- Das Sinnvolle, Richtige, Funktionierende, Effektive wird überzeugen.

Merkur Halbsextil Pluto (0,5°)

- Manchmal ist mein Denken und mein Reden inspiriert – aber das kann ich nicht lenken.

Merkur Halbsextil Venus (3°)

- Manchmal kann ich für meine Gefühle die richtigen Worte finden – aber nicht immer.

Saturn Halbsextil Pluto (4,5°)

- Manchmal erkenne ich die wesentliche Form – wenn es an der Zeit dafür ist.

Saturn Halbsextil Venus (2°)

- Manchmal erkenne ich die richtige Form für meine Gefühle – aber nicht immer.

Merkur/Saturn -(4 Halbsextile)- Pluto/Venus

- Ich denke die meiste Zeit unabhängig von meiner Liebe – nur manchmal verbindet sich beides.

Mond Opposition Saturn (4°)

- Ich wechsle zwischen meinem Nest der Geborgenheit und den Formen, die ich verwandle.
- Ich wechsle zwischen dem Prägen der neuen Form und dem Leben in Nähe – und beim Prägen bin ich distanziert und manchmal unnahbar, während ich in der Nähe keinerlei Form habe. Aber das will ich so – ich will das Schwingen zwischen Weichheit und Härte, zwischen Nähe und Distanz, zwischen Kontakt und Form. Und ich hoffe, daß ich stets erkenne, welcher dieser beiden Pole gerade der förderliche in meinem Leben ist.

Sonne im Schützen

- Ich bin das, was ich werden kann.
- Die Zukunft ist meine Mitte.
- Mein Ideal ist meine Identität.
- Beurteile mich niemals nach dem, was ich bin, sondern stets nach dem, was ich sein werde!
- Ich will von allen gesehen werden. Und ich will von allen als das gesehen werden, was ich sein werde.

Sonne im 9. Haus

- Ich bin das Gute. Ich bin das Bessere. Ich bin das Beste. Und ich bin der, der das Gute in das Bessere und dann das Bessere in das Beste verwandelt.
- Ich bin die Erlösung. Ich bin der Erlöser.

Uranus im Schützen

- Die Intuition öffnet die Tore für die Zukunft. Sie ermöglicht den Sprung in die Utopie.
- Intuition wird stets durch die Möglichkeit einer Verbesserung angeregt.

Uranus im 9. Haus

- Intuition weitet.
- Ich bin ein Revolutionär.
- Ich bin ein Weltverbesserer.
- Meine Ideen bewirken Veränderungen.
- Ich bin eine Überraschung auf zwei Beinen.
- Ich bin die plötzliche Freude, das unerwartete Lachen, die plötzlich erlangte Freiheit, das unerwartete Strahlen, die Fröhlichkeit des Herzens, der begeisterte Aufbruch in die Zukunft …

Sonne Konjunktion Uranus (1°)

- Die Intuition erweitert mein Bild von mir selber. Sie erweitert mein Bild von der Menschheit. Sie erweitert unser Bild von der Menschheit. Sie ermöglicht der Menschheit das zu werden, was sie in Wirklichkeit ist.
- Ich bin das Plötzliche, ich bin das Unerwartete, ich bin das Besondere, ich bin das Exzentrische, ich bin das ganz Alte, ich bin das ganz Neue, ich bin der Lichtbringer.
- Doch ich bin auch der Narr, der Clown, der Kobold, der Verrückte und der Verrückt-Weise …
- Das Ich ist meine Mitte – doch muß dieses Ich denn stets das gleiche sein? Mein Zentrum ist des öfteren exzentrisch.
- Mein Ich macht Sprünge – den Sprung über den Abgrund, den Sprung in das Neuland, den Sprung in die Zukunft, den Sprung in das Bessere … und manchmal gibt es leider auch nur einen Sprung in der Tasse – aber das ist selten. Und ich entwickle mich in Sprüngen.

Mond Opposition Uranus (5°)

- Ich wechsle zwischen dem Ruhen in der Geborgenheit und dem Sprung in das Unbekannte. Der Wechsel zwischen beidem kann sehr plötzlich kommen – insbesondere der von der Geborgenheit hin zum Sprung. Wenn ich bei mir bin, wechsle ich auch rechtzeitig zurück zum Nest und erhole mich … denn sonst gerate ich in die völlige Erschöpfung.

Mond Opposition Sonne (6°)

- Ich wechsle zwischen dem spontanen Selbstausdruck und dem stillen Ruhen in der behaglichen Wärme.

Mond -(2 Oppositionen)- Sonne/Uranus

- Ich achte darauf, was ich gerade brauche: verrückte Action oder besinnliche Stille.

Neptun im Steinbock

- Die inneren Bilder müssen auf sichere Weise durch bewährte Mittel angeregt werden – durch Meditationen, durch Anrufungen von Gottheiten, durch Traumreisen, durch Kräuter – damit ihre Vielfalt mich weitet und mir zeigt, wer ich bin und wie die Welt ist.
- Meine inneren Bilder sind real.
- Kunst muß sichtbar werden, damit sie eine Wirkung zeigen kann – Kunst in der stillen Kammer ist nutzlos.
- Religion muß sichtbar werden und eine äußere Gestalt annehmen, damit sie wirken kann.
- Ökologie ist eine Erd-weite Notwendigkeit.
- Gemeinschaft ist das, was uns rettet, was uns weitet, was uns letztlich glücklich werden läßt.

Neptun im 9. Haus

- Tagträume führen zur verwirklichten Vision.
- Ich verbessere mit meiner Kunst die Welt.
- Meine religiös-spirituellen Erlebnisse befähigen mich, einen wesentlichen Teil zur Rettung der Erde beizutragen.
- Mit meinem sozialen Engagement verändere ich die Gemeinschaft zum Besseren.

Neptun Halbsextil Merkur (3°)

- Manchmal kann ich meine Visionen in Worte fassen – aber meistens tue ich das nur ungern.

Neptun Sextil Pluto (4°)

- Visionen sind ein Weg, die Wahrheit und die Quelle des Lebens zu erfassen.
- Kunst hat nur eine Berechtigung, wenn sie existentiell ist.
- Religion, Magie und Spiritualität sind die Wurzel der Wirklichkeit.
- Wer sich nicht mit seiner ganzen Kraft und seinem ganzen Willen für das Wohlergehen der Gemeinschaft engagiert, hat das Leben verpaßt.
- Wer sich nicht ökologisch engagiert und dementsprechend handelt, ist nicht sehr viel anderes als ein Mörder und Selbstmörder.
- Ich bin ein Teil der Erde. Ich bin ein Teil der Welt. Ich bin ein Teil von Gott.

20. d)   Horoskop-Beispiel 4:   Goethe

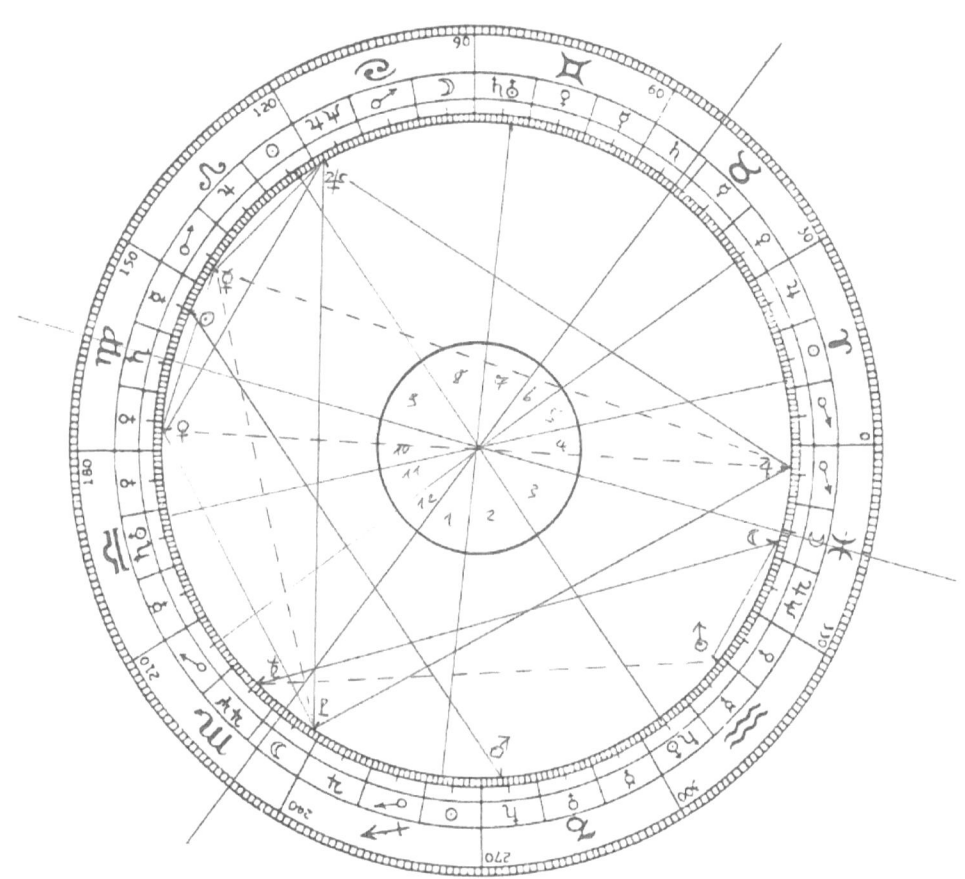

Aszendent Skorpion

- Ich suche die Intensität – ich bin die Intensität.
- Ich suche nach Tiefe.
- Ich schaue hinter die Fassade.
- Ich bin die Polarität.
- Ich bin die Verwandlung.
- Ich sehe in allem die Entwicklung, die Verformung, das Erschaffen von Neuem.
- Ich bin die Erotik.
- Ich bin ein Krieger, ein Stratege, ein Taktiker.
- Ich bin eigensinnig und stur.
- Ich gehe meinen Weg und keinen anderen!
- Ich bin heftig.
- Ich erschaffe Neues.

Pluto im Skorpion

- Ich mache keine halben Sachen.
- Ich scheue mich vor nichts.
- Entweder – oder. Aber niemals Mittelmaß.
- Wer nicht den Ursprung sucht, wer nicht zu brennen weiß, wer nicht wagt – der hat das Leben verpaßt!
- Ich schauspiele, ich schlüpfe in Rollen, ich stelle dar und werde, was ich darstelle.
- Ich leite das Schauspiel.
- Gerechtigkeit ist Kampf.
- Jura ist das Ordnen des Kampfes.
- Ich liebe die Frauen.

Pluto im 1. Haus

- Ich nehme kein Blatt vor den Mund.
- Wenn sich andere an mir stoßen … was geht's mich an?
- Ich gehe meinen Weg – und keinen anderen!
- Ich habe eine große Wirkung auf die Welt.

Neptun im Krebs

- Meine Phantasie offenbart mir mein Inneres.
- Ich bin voller Bilder.
- Urbilder enthüllen das Wesen der Welt.

Neptun im 8. Haus

- Wenn Du die Tiefe erfassen willst, dann schaue auf die Bilder in Dir.
- Wenn Kunst nicht verwandelt, – den Künstler und auch den Betrachter – dann ist sie keine Kunst!
- Kunst taugt nur, wenn sie ehrlich ist – und man sich selber in ihr zeigt.
- Kunst taugt nur, wenn sie ehrlich ist – und man sich nicht fürchtet, alle Formen zu sprengen.
- Kunst muß immer wieder neu erfunden werden!

Pluto Trigon Neptun (3°)

- Das Wesentlich kann nur in der Religion, in der Kunst und im Miteinander erlebt und ausgedrückt werden.
- Gott ist ein Künstler.
- Nur der Künstler kann Gott erfassen.
- Das Wesentliche findet sich in der Magie, in der Mystik, in der Alchemie, in der Musik, in der Malerei, im Schauspiel …

Jupiter in den Fischen

- Lebensziele sind Gefühle – und ihre Verwirklichung wird aus Träumen heraus geboren.
- Was ich will? Ich kann sagen, was ich jetzt will – aber was ich morgen will? Das werde ich morgen sehen.
- Ich tue jederzeit genau das, was ich in dem Augenblick will – egal, wievielen Menschen ich damit auf die Füße trete.

Jupiter im 4. Haus

- Das, was ich suche, ist die Familie der Wahlverwandten. Dort fühle ich mich wohl.
- Ich werde von den Mächtigen gefördert.
- Ich bin selber der, der in seinem eigenen Kreis die Verbindungen gestaltet und den Zusammenhalt erschafft.

Jupiter Trigon Pluto (3°)

- Ich erschaffe Formen und Strukturen.
- Ich organisiere das Chaos.
- Ich lenke das Unlenkbare.
- Ich setze mich durch – auf unmerkliche Weise.
- Und mein Gestalten hat Wirkung!

Jupiter Trigon Neptun (1°)

- Meine Kunst nimmt Gestalt an und wird Teil der Welt.
- Meine Visionen werden zu einem neuen Weltbild werden.
- Ich gestalte nicht nur mein eigenes Leben, sondern die Welt.
- Meine Ideale bereichern die Menschen.

Dreieck Pluto/Neptun/Jupiter

- Die Hohen und die Mächtigen sind auf meiner Seite.
- Das, was ich will, wird Wirklichkeit werden.
- Meine Visionen tragen Früchte.
- Ich muß nicht nach Macht suchen – die Macht kommt zu mir.
- Ein Freund ist eines der besten Dinge, die man finden kann.
- Da ich mich an dem Großen orientiere, suchen die Großen meine Gesellschaft.
- Ich erschaffe das Wesentliche.

Venus in der Jungfrau

- Ich bin empfindsam in der Liebe – kleine Dinge entfachen meine Sehnsucht und kleine Dingen können sie auch stören.

- Ich habe genaue Vorstellungen über Liebschaften und über Beziehungen – und so sollen sie auch sein.
- Ich sorge dafür, daß meine Frauen-Begegnungen so sind, wie ich sie haben will.

Venus im 10. Haus

- Ich will Beständigkeit in meinen Begegnungen mit Frauen – in allen – und das gleichzeitig.
- Ich suche nach der richtigen Form für meine Beziehungen zu Frauen und auch zu meinen Freunden.
- Meine Gefühle sind beständig.

Pluto Sextil Venus (3°)

- Wenn ich liebe, dann heftig.
- Wenn ich liebe, dann will ich alles – und das sofort!
- Ich bin ein geborener Verführer.
- Was anderes ist Gottes Schöpfungsimpuls gewesen als Liebe?

Venus Sextil Neptun (0°)

- Meine Liebe ist ein Traum.
- Meine Liebe wird zu Kunst.
- Meine Liebe läßt mich und die Frau miteinander verschmelzen.
- Kunst weckt Gefühle – sonst ist sie keine Kunst.

Venus Opposition Jupiter (0°)

- Ich liebe so, wie ich es will und wen ich will – ohne Rücksicht auf bestehende Verbindungen, Gepflogenheiten, Religionsunterschiede, Standesunterschiede und was es sonst noch an Grenzen geben mag.
- Ich bin verheiratet – und ich verliebe mich in eine andere Frau … na und?
- Ich will mich nicht in Beziehungen binden.
- Ich will das leben, was sich richtig anfühlt.
- Ich lasse mich in der Liebe nicht einengen.
- Muß ich mit der Frau, zu der ich eine Beziehung beende, lange darüber reden? Nein.

Es reicht, wenn ich es ihr kurz schreibe – oder wenn sie es von selber merkt, daß ich fort bin.

Der Große Drache Pluto/Neptun/Jupiter/Venus

- Das Wesentliche in meinem Leben wird zu einer erotischen Kunst, zu künstlerischer Erotik, zu empfindsamer Gemeinschaft … in ständiger Verwandlung.

Venus Halbsextil Merkur (1°)

- Ich drücke meine Gefühle durch Kunst aus – und meine Worte in Beziehungen sind mehr Anspielungen als Aussagen.
- Ich kann nicht alles erreichen, aber ich kann über alles dichten.
- Das Denken orientiert sich halbbewußt an den Gefühlen.

Neptun Halbsextil Merkur (1°)

- Ich drücke das, was ich erspüre, manchmal in Worten aus.
- Ich erzähle Märchen.
- Was würde der Verstand ohne die grenzauflösende Phantasie tun? Verarmen … zu einem trockenen Stück Wüste werden …

Merkur im Löwen

- Ich rede selbstbewußt.
- Ich lasse mir nicht vorschreiben, wann und wie ich zu reden habe.
- Worte sind Selbstausdruck.
- Ich spreche und dichte in der „Ich-Form".
- Ich spreche immer über mich – auch wenn man das manchmal nicht direkt sehen kann.

Merkur im 9. Haus

- Worte sind Schritte zum Ziel.
- Meine Worte drücken meine Vision aus.

- Es fällt mir leicht, eine neue Sprache zu erlernen.
- Mit einer neuen Sprache kann ich neue Menschen und neue Ziele erreichen.
- Meine Worte treffen auf vieles in anderen Menschen, was diese nicht auszusprechen wagen, aber was sie fürchten, woran sie leiden oder wonach sie sich sehnen.
- Jede Begegnung mit einem Idealisten ist eine Bereicherung.

Merkur Quincunx Jupiter (0° – nur 1' Abweichung)

- Ich schaue, was ist – und bilde mir dann meine Meinung.
- Wenn sich etwas ändert, ändere ich auch meine Ansicht.
- Denken ist Prüfen und Neuordnen.
- Dichten ist das Betreten von Neuland.
- Gibt es eine Erkenntnis, die dauerhaft Bestand hat? Echtes Erkennen ist endloses Wachstum …
- Ich suche und prüfe und formuliere und verwerfe und forme aufs Neue – eine endlose Metamorphose hin zu einer immer größeren, strahlenderen Gestalt … hin zum wahren Ich.

Merkur Quadrat Pluto (3°)

- Denken und Dichten strebt nach dem Wesentlichen, aber kann es nicht erreichen.
- Das Denken muß frei von jedem Zwang sein, um sich bewegen und erkennen zu können.
- Die Dichtung ist die Freiheit der Kreativen.
- Kann man die Wahrheit letztlich in Worte fassen? Nein. Die Wahrheit ist. Aber ich kann es nicht sein lassen, nach dieser Formulierung der Wahrheit zu streben …

Merkur und seine vier Aspekte

- Das Denken bewegt sich im Ungeformten, in einem Raum voller Anregungen, in dem sich alles ständig verwandelt.
- Denken ist wie das Schweben eines Adlers in großer Höhe – ohne festen Halt, in sich selber ruhend, alles sehend, auf einem Weg durch eine sich ständig verwandelnde Welt …

Sonne in der Jungfrau

- Ich bin Ordnung.
- Ich bin ein System.
- Ich bin Vielfalt.
- Ich suche nach dem Besten und nach dem Vollkommenen – wie „Faust".
- Wann ist man schon wirklich zufrieden?
- Ich bin von meinem Herzen her ein Handwerker – ich gestalte, verbessere und heile das, was da ist … und vor allem mein eigenen Leben.
- Ich suche die Vollkommenheit.

Sonne im 9. Haus

- Ich bin ein Entwurf, eine Vision für die Zukunft.
- Ich bin das, was sein will.
- Ich will das Beste.
- Ich will der Beste sein.
- Ich will die Welt verbessern – was sonst ergäbe einen Sinn?

Mars im Steinbock

- Ich handle zuverlässig.
- Ich präge und gestalte auf festem Fundament.
- Ich setzte mich durch.
- Ich organisiere das Heer.

Mars im 2. Haus

- Erotik braucht ein Nest.
- Ernährung ist Kampf.
- Arbeit erschafft das, was mich erhält.
- Ich ernähre mich durch Taten.
- Ich ordne den Besitz so, daß er sich selber trägt.
- Ich gestalte das Heer so, daß es auch bezahlt werden kann.
- Krieg bringt Armut.
- Im Handeln spüre ich meinen Leib, mein Leben, mich selber – „Am Anfang war die Tat."

Mars Trigon Sonne (2°)

- Ich tue, was ich will.
- Ich bin ein Arbeiter, der das eigene Werk erschafft.
- Ich teile mein Lager mit wem ich will und wann ich will.
- Ich überzeuge mit meinem Tun und kann Menschen durch mein Handeln lenken.

Mond in den Fischen

- Ich bin empfindsam.
- Ich spüre alles, was vor sich geht.
- Ich nehme an allem teil.
- Ich strebe nach Einheit mit der Welt.
- Ich will mit denen, die mir nah sind, verschmelzen.
- Malen und Zeichnen verbindet mich mit der Welt.
- Ich liebe Kinder – sie sind, was sie sind.
- Ich habe eine große Vorstellungskraft.
- Ich habe eine rege Phantasie.
- Ich finde viele Freundschaften.

Mond im 3. Haus

- Ich will erkunden, wie bunt die Welt ist.
- Ich suche Kontakt zu allen und allem, was interessant ist.
- Die Vielfalt belebt.
- Neugier ist das, was mich antreibt.

Saturn im Skorpion

- Feste Formen gibt es nicht – nur den Wandel der Form.
- Erinnerung ist polarisiert.
- Die Essenz der Welt ist ein Gegensatz – Christus und Mephistos.
- Ich will wissen, was die Kräfte sind, die die Dinge bewegen, „was die Welt im Innersten zusammenhält".

Saturn im 12. Haus

- Meine Erkenntnisse aus meinem eigenen Leben sind Teil der Welt und somit auch Erkenntnisse über die Welt.
- Ich will die Welt verstehen – Menschen, Tiere, Pflanzen, Licht, Berge … alles …
- Ich erhalte das, was ich brauche – egal, von wo es kommt.
- Ich finde immer einen Unterstützer.

Saturn Trigon Mond (3°)

- Ich suche nach Beständigkeit im Kontakt.
- Ich bin treu in der Beständigkeit, aber nicht in der Ausschließlichkeit.
- Ich gerate leicht in einen Kontext aus Menschen und Pflichten, der mich alles andere vergessen läßt.

Uranus im Wassermann

- Neue Ideen! Weiterentwicklung! Verwandlung!
- Ich bin voller verrückter Ideen.
- Das Neue weitet den Horizont – und das liebe ich!

Uranus im 3. Haus

- Die Welt ist voll von unerwarteten Dingen – und ich will sie entdecken und erleben!
- Das Neue zeigt sich in einer Vielfalt von kleinen Dingen – und nur ab und zu auch in großen Dingen.
- Ich begegne vielen Menschen und Dingen, die außergewöhnlich sind.

Uranus Quadrat Saturn (4°)

- Gibt es eine Form, die beständig ist? Nein!
- Wenn mir eine Form zur Fessel wird, sprenge ich sie.
- Ich verbrüdere mich mit denen, die die Welt verbessern wollen. Deshalb bin ich Freimaurer.
- Ich bekämpfe Lug und Trug und Korruption und Ausbeutung.
- Ich löse Formen auf, die dem System selber schaden.

- Starre muß aufgelöst werden, damit das Neue und Lebendige wieder wachsen kann.
- Wenn mir der äußere Erfolg zum Gefängnis wird, breche ich aus.
- Ich finde im Alten die Möglichkeiten für das Neue.
- Revolution ist die Folge von ungerechter Herrschaft.

20. e)   eine astrologische „Hymne an sich selber":   Goethe

In den vier Beispielen sind die „Ich bin …"-Verse anhand des Horoskopes formuliert worden. Sie sind daher zunächst einmal dem Aufbau des Horoskopes entsprechend sortiert.

Das ist natürlich keine besonders poetische Vorgehensweise … und würde vermutlich kaum Goethes Geschmack treffen.

Daher kann man nun in einem zweiten Schritt die Aussagen aus dem Goethe-Horoskop „lyrisch anordnen" – soweit dies möglich ist. Dabei sind die Verse aus dem vorigen Kapitel nicht nur umsortiert, sondern zum Teil auch umgeschrieben und ergänzt worden.

In der „Hymne an sich selber" kann man natürlich auch alles, was man über die eigene Seele, die eigenen drei Verbündeten, bestimmte Fähigkeiten und Neigungen usw. weiß, mit in diese Hymne einbauen. Dadurch gewinnt sie deutlich an Lebendigkeit. Das ist allerdings etwas, was der Astrologe in der Regel nicht umsetzen kann, sondern nur derjenige, für den das Horoskop erstellt worden ist.

Dieser Aspekt der „Hymne an sich selber" fehlt in dem folgenden Text, da das Krafttier u.ä. von Goethe nicht bekannt ist.

Ich bin

Ich suche das, was die Welt bewegt –
und ich bewege die Welt.
Ich suche die Tiefe –
und ich bin die Tiefe.
Ich suche den Widerspruch –
und ich bin der Widerspruch.
Ich suche die Verwandlung –
und ich bin die Verwandlung!

Ich bin, was ich bin –
das Geschöpf der Polarität.
Ich bin ein Krieger –
eigensinnig und stur.
Ich gehe meinen Weg –
und niemals einen anderen.
Ich erschaffe Neues –
und ich bin die Heftigkeit!

Ich habe viele Gestalten –
und niemand kennt sie alle.
Ich bin der, der formt –
und ich forme mich auch selber.
Ich bin das Feuer der Leidenschaft –
und auch das Feuer der Erkenntnis.
Ich bin die Erotik –
und ich liebe die Frauen.

Ich bin nicht bequem,
ich bin nicht angepaßt,
ich bin nicht immer nett,
ich kann sehr eckig sein …
Doch ich bin ehrlich,
ich gehe meinen Weg,
ich brenne für das, was ich bin,
ich bin ich!

Ich spüre in die Welt
und die Menschen,
ich spüre in mein Inneres
und ich spüre Gott.
Ich folge den Bildern
zu ihrer Quelle,
und tauche in das Urbild ein,
um mich selber zu sehen.

Aus der Phantasie
schöpfe ich als Maler,
und als Dichter
und auch im Schauspiel.
Meine Kunst verwandelt –
wäre sie sonst eine Kunst?
Meine Kunst ist ehrlich –
und sprengt jede Form.

Was will der Künstler?
Warum macht er Kunst?
Ich will zur Wurzel
und Gott selber sehen!
Der Künstler tanzt das,
was er wirklich ist;
er erschafft sich selber
in jedem Kunstwerk neu.

Willst Du wissen, wer Du bist?
Willst Du die Quelle des Lebens sehen?
Dann blicke in Dich, auf das Miteinander,
lausche der Musik, öffne Dich der Malerei,
spüre in die Mystik, betrachte die Alchemie,
betrete alte Tempel, schaue in die Welt …
Und Du wirst sehen:
Gott ist ein Künstler!

Träume sind die Quelle aller Ideale,
alle Ideale sind ein Gefühl
und sind ein Sehnsuchts-Bild,
das die Taten lenken will.
Und diese Bilder wandeln sich,
wachsen und schwinden,
und daher liegt die Treue
im Leben im Augenblick.

Ich suche meine Familie,
die Schar meiner Lieben,
meiner Seelenverwandten,
in der ich unter meinesgleichen bin.
Dort lebe ich,
dort gebe ich,
dort werde ich beschenkt,
dort kann ich mich entfalten.

Ich gestalte die Welt,
und ich werde gefördert;
Ich habe eine große Wirkung,
und mir wird geholfen;
Ich lenke das Chaos,
und gebe ihm Struktur;
Ich forme meinen Bereich,
und lenke ihn mit fester Hand.

Ich bin der Welt Gestalter
und ich gestalte durch Kunst;
durch Kunst inspiriere ich Menschen,
und die Menschen folgen neuen Idealen;
die Ideale ziehen die Großen zu mir,
und die Großen fördern meine Ziele;
meine Ziele ruhen auf dem Wesentlichen,
und das Wesentliche gestaltet die Welt.

Ich bin empfindsam in der Liebe –
kleine Dinge entfachen meine Sehnsucht
und kleine Dingen können sie auch stören;
und ich will die Begegnung so, wie ich sie will.
Ich will Beständigkeit
in meinen Begegnungen mit Frauen –
auch meine Gefühle sind beständig –
aber nicht ausschließlich.

Wenn ich liebe, dann heftig;
Wenn ich liebe, dann gibt es kein Halten;
Wenn ich liebe, dann will ich alles –
und das will ich sofort!
Ich bin ein Freund,
Ich bin ein Liebhaber,
Ich bin ein Verführer –
und Gott hat die Welt aus Liebe geschaffen.

Meine Liebe ist wie ein Traum;
Meine Liebe wird zur Kunst;
Meine Liebe läßt mich und die Frau
miteinander verschmelzen.
Meine Freundschaft beflügelt mich,
Sie weckt das Innerste in mir,
Sie verbindet mich aufs allerengste –
Was ist bereichernder als ein Freund?

Ich liebe so, wie ich es will
Und ich liebe, wen ich will –
ohne Rücksicht auf jede Form,
denn ich will das leben, was sich richtig anfühlt!
Ich lasse mich in der Liebe nicht einengen;
Ich will mich nicht in Beziehungen binden;
Ich bleibe, weil ich will – nicht, weil ich muß:
Die Liebe ist ein Kind der Freiheit!

Ich rede selbstbewußt.
Ich lasse mir nicht vorschreiben,
wann und wie ich zu reden habe.
Worte sind mein Selbstausdruck.
Ich spreche immer über mich –
auch wenn man das manchmal
nicht direkt sehen kann.
Ich bin in meinen Worten.

Meine Worte sind Schritte zum Ziel.
Meine Worte zeigen meine Vision.
Meine Worte berühren Menschen,
Ihre Sehnsucht, ihre Angst.
Ich lausche denen, die ehrlich sind,
Ich höre den Idealisten zu:
das bereichert mich
und weckt meine eigenen Ideale

Ich kann nicht alles erreichen,
aber ich kann über alles dichten.
Mein Denken folgt fast unmerklich
meinen tiefsten Gefühlen.
Meine Phantasie ist das Wasser,
das den trockenen Sand des Verstandes
zu einer blühenden Oase werden läßt,
zu einem Schloß aus Tausendundeiner Nacht.

Ich schaue, was ist –
und bilde mir dann meine Meinung.
Wenn sich etwas ändert,
ändere ich auch meine Ansicht.
Denken ist Prüfen und Neuordnen.
Dichten ist das Betreten von Neuland.
Gibt es eine dauerhafte Erkenntnis?
Echtes Erkennen ist endloses Wachstum …

Dichten strebt nach dem Wesentlichen,
ohne es jemals zu erreichen.
Das Denken muß frei von jedem Zwang sein,
um sich bewegen und erkennen zu können.
Worte können die Wahrheit nicht fassen,
Worte können sich der Wahrheit nur nähern,
Aber die Annäherung ist Freude:
Die Dichtung ist die Freiheit der Kreativen.

Ich suche nach dem Besten,
Ich suche nach dem Vollkommenen;
Ich ordne, um mich zu erkennen,
Ich bin ein lebendiges System.
Ich suche die Vollkommenheit.
Ich bin ein Entwurf für die Zukunft.
Ich bin das, was sein will.
Ich verbessere die Welt.

Ich ernähre mich durch Taten.
Ich spüre in meinem Handeln meinen Leib,
und mein Leben und mich selber:
Am Anfang war die Tat.
Ich gestalte und lenke
die Arbeit und das Heer;
Ich setzte mich durch und führe
im Verlangen und in der Erotik.

Ich tue nur das, was ich will.
Ich bin ein Arbeiter,
der das eigene Werk erschafft.
Ich bin meine Tat.
Ich überzeuge mit meinem Tun
und kann Menschen durch mein Handeln lenken.
Ich teile mein Lager,
mit wem ich will und wann ich will.

Ich bin empfindsam.
Ich spüre alles, was vor sich geht.
Ich nehme an allem teil.
Die Vielfalt belebt.
Neugier ist das, was mich antreibt.
Ich habe eine große Vorstellungskraft.
Ich habe eine rege Phantasie.
Ich liebe Kinder – sie sind, was sie sind.

Ich will erkunden, wie bunt die Welt ist.
Ich suche Kontakt zu allen und allem,
was interessant ist und mich lockt.
Ich finde viele Freundschaften.
Ich will mit denen, die mir nah sind, verschmelzen.
Ich strebe nach Einheit mit der Welt.
Malen und Zeichnen
verbindet mich mit der Welt.

Feste Formen gibt es nicht –
nur den Wandel der Form.
Die Essenz der Welt ist ein Gegensatz –
die Wurzel des Wandels.
Ich will erkennen, was die Welt bewegt,
Ich will alle Dinge in der Welt ergründen,
Ich will wissen, was die Dinge bewegt
und was die Welt im Innersten zusammenhält.

Ich suche nach der Beständigkeit der Nähe.
Ich erhalte das, was ich brauche –
egal, von wo es kommt.
Ich finde immer einen Unterstützer.
Ich gerate leicht in einen Kontext
aus Menschen und Pflichten,
der mich alles andere vergessen läßt:
Dann brauche ich den Wandel.

Das Neue weitet den Horizont –
und das liebe ich!
Ich bin voller verrückter Ideen.
Neue Ideen! Weiterentwicklung! Verwandlung!
Die Welt ist voll von unerwarteten Dingen –
und ich will sie entdecken und erleben!
Wenn mir eine Form zur Fessel wird,
dann sprenge ich sie – sofort!

Ich bekämpfe Lug und Trug
und Korruption und Ausbeutung.
Ich löse Formen auf,
die dem System selber schaden.
Ich verbrüdere mich mit denen,
die die Welt verbessern wollen.
Gemeinsam können wir mehr erreichen
als ich allein …

Gibt es eine Form, die beständig ist? Nein!
Wenn mir der äußere Erfolg zum Gefängnis wird,
dann breche ich aus.
Ich finde im Alten die Möglichkeiten für das Neue.
Starre muß aufgelöst werden,
damit das Neue und Lebendige wieder wachsen kann.
Ich bin mir treu und deshalb außergewöhnlich
und deshalb ziehe ich außergewöhnliche Menschen an.

21. Was ist wie gewiß?

Man kann die Welt betrachten, Erfahrungen sammeln, die Erfahrungen wieder betrachten und sortieren und dann beschreiben, wie dem eigenen Stand der Erkenntnisse zufolge die Welt und das Leben funktionieren.

Jeder Versuch dieser Art ist ein vorläufiges Ergebnis, denn mit jedem Jahr kommen neue Erlebnisse und Erkenntnisse hinzu – und ab und zu erkennt man auch den einen oder anderen größeren Irrtum.

Ich habe dieses Buch nach bestem Wissen und Gewissen geschrieben und alle in ihm beschriebenen Dinge beruhen auf eigenen Erlebnissen und Erfahrungen – aber das schließt Einseitigkeiten und Irrtümer keineswegs aus.

Ich würde mich daher freuen, wenn auch dieser Ansatz, sofern er dem Leser oder der Leserin hilfreich erscheint, weiterentwickelt wird – denn ein jeder hat sein Horoskop und sieht die Welt durch seine eigene astrologische Brille. Je mehr Menschen an einer Sache mitgestalten, desto wahrscheinlicher wird es, daß sich an dieser Sache schließlich die Einseitigkeiten des Einzelnen abschleifen.

Ich habe einmal in einem Bildhaueratelier fünf Skulpturen aus Ton gesehen und konnte an jeder die persönliche Eigenart des Bildhauers erkennen. In der Mitte des Raumes stand jedoch ein 5m langer Tisch, auf dem ein aus Ton geformtes Bachbett stand, das keinerlei individuellen Charakter aufwies, sondern ganz natürlich aussah. Als ich mich darüber gewundert und deshalb danach erkundigt habe, erzählte mit eine Bildhauerin, daß sie diese Bachlauf-Skulptur zu fünft erschaffen haben und daß niemand länger als eine Viertelstunde an derselben Stelle geformt hat.

Ich hoffe, daß mein Ansatz der astrologischen „Hymne an sich selber" in diesem Sinne auch ein wenig zur Astrologie beitragen kann.

22. Anhang

22. a) Telepathie

Die einfachste und vermutlich auch älteste Form der Telepathie ist das Gefühl beobachtet zu werden, denn das ist einst überlebenswichtig gewesen, als die Menschen noch zu den Beutetieren von Tiger, Bär, Löwe & Co. gehört haben.

Eine praktische Methode, einer Gruppe von Menschen Telepathie nachzuweisen, ist der „Postkarten-Versuch". Stecken sie 20 möglichst verschiedene Postkarten in 20 Briefumschläge. Lassen Sie sich jeweils 4-5 Personen zusammensetzten und jeden für sich ca. 5 Minuten in den Umschlag „hineinspüren". Dann schreibt jeder seine Wahrnehmungen auf.
Als nächstes vergleichen alle ihre Wahrnehmungen und schreiben auf einen weiteren Zettel all die Wahrnehmungen, die mindestens zweimal vorgekommen sind. Auf diese Weise werden die allermeisten „Fehl-Wahrnehmungen" ausgesondert.
Dann werden die Mehrfach-Wahrnehmungen zu einer Beschreibung zusammengefaßt, wobei die Wahrnehmungen, die am häufigsten Vorkommen, das „Gerüst" für die übrigen Wahrnehmungen bilden.
Diese Methode ist sehr zuverlässig.

22. b) Telekinese

Es gibt einen einfachen Versuch, den man jederzeit durchführen und daher auch vorführen kann. Im Internet können sie ein Video dieses Versuches finden, wenn Sie nach „youtube Telekinese" suchen.

Der Versuch besteht darin, daß man ein gefaltetes Stückchen Papier so auf eine Nadelspitze hängt, daß das Papier nicht herunterfällt und sich fast reibungsfrei drehen kann. Dann hält man seine rechte Hand rechts neben das Papier, woraufhin sich das Papier nach einer Weile gegen den Uhrzeigersinn zu drehen beginnt. Hält man seine linke Hand links neben das Papier, dreht sich das Papier im Uhrzeigersinn.

Wie man im Shiatsu und allgemein in der traditionellen chinesischen Medizin lernen kann, fließt das Chi, also die Lebenskraft, am Innenarm über die Handfläche zu den Fingern hin und von dort aus über den Handrücken und den Außenarm wieder zum Körper zurück. Da nun alle Dinge mehr oder weniger viel Lebenskraft enthalten, berührt dieser Lebenskraftfluß auch die Lebenskraft des Papiers und dreht sie mit.

Bezeichnenderweise ist die Drehgeschwindigkeit des Papiers unabhängig davon, ob man die rechte oder die linke Hand benutzt, ob man den Versuch alleine oder mit vier Personen gleichzeitig durchführt. Das Papierrädchen dreht sich immer ca. 1 Umdrehung pro Minute, wenn das Stückchen Papier eine Seitenlänge von 5-6cm hat. Daraus läßt sich schließen (wenn man einmal die Reibungsverluste des Papiers an der Nadelspitze vernachlässigt), daß die Lebenskraft im menschlichen Körper mit ca. 20cm pro Sekunde fließt (eine Umdrehung pro Sekunde => einmal den Umfang pro Sekunde weitergedreht => Umfang = 6cm·π = ca. 20cm).

Allerdings geht es auch ohne die Nähe der Hand zu dem Papierkarussell: Als mein Sohn diesen Versuch einmal seinem Physiklehrer vorführte und der dann ein wenig hilflos anfing, etwas von durch die Hände erzeugten Wärmeströmungen in der Luft zu erzählen, hat sich mein Sohn zurückgelehnt, die Arme verschränkt und das Papierrädchen nur durch seinen Konzentration auf das Rädchen bewegt.

Hier noch eine genauere Beschreibung der Versuchsanordnung:

Nehmen Sie ein kleines Stückchen Pappe als Fundament und stecken Sie eine Nadel hindurch, sodaß die Spitze nach oben ragt.

Schneiden Sie ein quadratisches Stückchen Papier mit einer Seitenlänge von 5-6cm Länge aus einer Papierart mit harter Oberfläche aus – die harte Oberfläche erkennen sie daran, daß auf der Packung „oberflächengeleimt" steht oder daran, daß das Papier glänzt; manchmal ist auch die eine Seite eines Papier glänzend und die andere matt. Die glatte, harte, glänzende Oberfläche des Papiers verringert noch weiter die ohnehin schon geringe Reibung.

Falten Sie nun viermal das Papier derart, daß Sie vier Falten erhalten – zwei Diagonalen und die beiden dazwischenliegenden „Seitenmittenverbindenden". Streichen Sie das Papier danach jeweils wieder fast glatt. Dadurch ergibt sich ein achtstrahliger Stern. Falten Sie dabei für die Diagonalen das Papier nach unten und für die „Seitenmittenverbindenden" das Papier nach oben. Nun können Sie das Papier durch ein wenig Knicken zu einem flachen Stern falten, der an den Diagonalen einen Grat nach oben hat und an den „Seitenmittenverbindenden" ein Tal nach unten hat.

Legen sie nun das Papier mit seiner Mitte auf die Nadelspitze und prüfen Sie durch leichtes Anstoßen, ob es stockt oder ob es sich mühelos dreht.

Halten sie dann eine Hand neben das Rädchen und stellen Sie sich vor, wie sich das Rädchen dreht.

Telekinese-Papierrädchen   *Telekinese-Papierrädchen*

22. c) **Traumreise zur eigenen Mitte**

(Auszug aus: Eilenstein – „Handbuch für Zauberlehrlinge")

Wenn Sie das Traumreisen erlernen wollen, ist es vermutlich am einfachsten, wenn Sie sich jemanden herbeiwünschen, von dem Sie es lernen können, indem Sie es ein paarmal zu zweit machen.

Sie können es aber auch durchaus auch alleine versuchen – die meisten Menschen brauchen dazu auch keine zweieinhalb Jahre wie ich (ich bin eher von der langsamen, gründlichen Sorte). Hier eine Kurzanleitung:

Wählen Sie ein Thema (Essen, Grenzen setzen, ihr Vater, eine Krankheit …) oder ein Symbol (astrologisches Planetenzeichen, Elementsymbol, Tarotkarte, mathematisches Symbol, physikalische Formel, Zeichen eines chemischen Elementes …) aus. Ein gutes Symbol für erste Versuche ist auch ein I Ging-Hexagramm, das sie gezogen haben, zu dem Sie aber noch nicht die Bedeutung nachgeschlagen haben, sodaß Sie anschließend an Ihre Traumreise die erlebten inneren Bilder mit der Bedeutung des Hexagramms in dem I Ging-Buch vergleichen können.

Legen oder setzen Sie sich bequem hin und schließen Sie Ihre Augen.

Stellen Sie sich vor, daß vor Ihnen eine Tür oder ein Vorhang oder etwas Ähnliches ist, auf dem das Symbol abbildet ist oder auf dem das Thema geschrieben steht.

Gehen sie in Ihrer Vorstellung durch diese Tür hindurch in den Bereich dahinter. Man kann auch einfach beschließen, in welchen inneren thematischen Bereich man eintreten will, aber solch eine „beschriftete Tür" ist zumindest am Anfang ein gutes Hilfsmittel, um sowohl das Thema als auch den Anfang der Traumreise klar zu definieren.

Schauen Sie, welche Bilder und Eindrücke auftauchen. Nehmen Sie diese Bilder und Klänge, Wörter, Gerüche usw. zunächst einmal einfach als ein interessantes Phänomen ohne sich groß zu fragen, ob das nun ihr Verstand ist oder ihre Phantasie oder ihr Unterbewußtsein oder was auch immer – zunächst einmal geht es darum, diese Bilder zu sammeln, denn sonst kann man sie anschließend nicht betrachten und verstehen.

Sollten nur wenige oder keine Bilder auftauchen, können sie sich in Ihrer Vorstellung hinhocken und mit ihren (imaginären) Händen den Boden berühren und tasten, ob er warm oder kalt, hart oder weich, Sand oder Fels oder Gras oder Holz usw. ist und dann von dort aus weiter umherschauen – das hat bisher noch immer geholfen.

Sollte Ihnen nicht klar sein, wohin Sie sich in der Bilderwelt, in der Sie sich befinden, wenden sollen, können Sie sich ein rotes Wollknäuel herbeiwünschen, das Ende an ihr linkes Handgelenk binden, dem Wollknäuel sagen, daß es dort hinfliegen soll, wo das Wichtigste für Sie zu erleben ist, und es dann emporwerfen – und anschließend diesem Roten Faden folgen.

Handeln Sie in der Traumreise so, als wenn Sie im Traum, in einem Märchen oder in einer Fantasy-Geschichte wären: Sie können hier in ihrer Vision fliegen, durch die Erde selber tauchen, sich größer machen, Gegenstände herbeiwünschen usw.

Sollten Sie einmal an einem Punkt stehen, der Ihnen bedeutsam vorkommt, von dem Sie aber nicht erkennen können, was an ihm bedeutsam ist, hilft es fast immer, an dieser Stelle ein Loch in die Erde zu graben und zu schauen, was man dort findet.

Wenn Sie das Gefühl haben, genug gesehen zu haben, kehren Sie zur Eingangstür zurück, treten wieder durch sie hindurch – und bleiben Sie ohne sich zu bewegen liegen bzw. sitzen! Erzählen Sie sich erst einmal selber laut alles, was Sie gesehen haben, denn dadurch wird das Gesehene fester im normalen Wachbewußtsein verankert.

Dasselbe gilt für die Träume in der Nacht: Wenn Sie beim Aufwachen erst einmal still liegen bleiben und sich den Traum noch einmal erzählen, dann wird er anschließend nicht so schnell verloren gehen.

Schreiben sie dann ihre Bilder auf, denn es können sonst wertvolle Details in Vergessenheit geraten.

Nun können Sie diese Bilder betrachten und schauen, was sie bedeuten.

Eine einfache Form der „Reise zur eigenen Mitte" stammt von dem „Golden Dawn"-Magierorden, der von ca. 1875 bis 1925 existierte und die bis dahin bekannten magischen und spirituellen Traditionen erprobt, zusammengefaßt und weiterentwickelt hat.

Diese Meditation besteht darin, daß man sich vorstellt, durch eine Wüste zu gehen und schließlich eine mittelalterlich oder noch älter wirkende Stadt zu erreichen. Dort wird man durch ein Stadttor eingelassen und sieht, daß es im Inneren viele Kanäle und Teiche sowie Bäume an den Straßen gibt. Nun geht man zur Mitte der Stadt und trifft nach einer Weile immer häufiger andere Menschen, die einen erst nicht zu bemerken scheinen, aber mit der Zeit einen offenbar wahrnehmen und bisweilen auch grüßen. Schließlich erreicht man in der Mitte der Stadt einen weißen, kreisrunden Tempel mit einem goldenen, in der Mitte zum Himmel hin offenen Kuppeldach. Dort tritt man ein, schaut sich um, und geht dann zum Zentrum des Tempels und „entflammt sich im Gebet an die eigene Seele".

Dieses „Sich mit Gebet entflammen" mag etwas altmodisch oder auch etwas fremd klingen, aber wenn man in seiner Traumreise in dem Herzchakra-Tempel steht und zu der eigenen Seele, die man möglicherweise noch überhaupt nicht kennt, zu sprechen beginnt, und sie darum bittet, einem zu erscheinen und einen zu erfüllen, und wenn man sich mit der Zeit jedesmal, wenn man in diesem Tempel ist, immer mehr Gefühl in seine innerlich gesprochenen Worte zu legen traut und sich der ganze Frust und die Enttäuschung über das eigene bisherige Leben und all die Ängste und Süchte und das schon erlebte Leid in Sehnsucht nach der eigenen innersten Wahrheit und nach einem Leben aus dem eignen Herzen heraus voller Freude und Glück zu verwandeln beginnen, dann wird man erleben, was mit „sich im Gebet entflammen" gemeint ist.

Eine andere Methode, seine eigene Mitte zu finden ist die „Traumreise zur eigenen Mitte". Bei dieser Methode benutzt man als Torsymbol ein Hexagramm, also einen sechsstrahligen Stern, der in seiner Mitte das Zeichen der Sonne (Kreis mit Punkt im Zentrum) hat. Dieses Symbol findet sich ebenfalls beim Golden Dawn, aber auch schon sehr viel früher in Indien.

Auf dieser Traumreise sucht man den Weg zur Mitte der Vision, in die man nach dem Durchschreiten des Torsymboles gelangt ist. Man kann diese Traumreise durchaus auch alleine versuchen, aber vermutlich ist es deutlich einfacher, sie mit jemandem zusammen durchzuführen, der diese spezielle Traumreise schon selber gemacht hat und Übung darin hat.

22. d)   **Traumreise nach Chesed**

(Auszug aus: Eilenstein – „Blüten des Lebensbaumes II")

Die folgende Vision stammt von einer Reise von Jörg und mir nach Chesed, die wir unternommen haben, weil ich zu dem Schluß gekommen war, daß ich, um in meinem Leben zurechtkommen zu können, wissen müßte, warum sich meine Seele eigentlich entschlossen hat, in diesem Leben solch einen Harry zu erschaffen.

Chesed ist ein Bereich auf dem kabbalistischen Lebensbaum, der einen der Bereiche der „Seelen-Ebene" darstellt und zu der die Reinkarnation, die Akasha-Chronik u.ä. gehören.

Die Traumreise begann damit, daß ich in meiner Erinnerung erst in Fünfjahresschritten und dann in Jahresschritten Richtung Geburt zurückgekehrt bin und dabei Jörg gesagt habe, wo ich gerade bin. Da ich mich bereits an meine Geburt erinnern konnte, war der Weg bis dahin recht einfach. Jörg hatte in diesem Teil nur vereinzelte, flüchtige Bilder von meinem Leben und fühlte sich eher außenvor.

Zunächst war die Wahrnehmung aus der Zeit vor meiner Geburt so, wie man sich sie auch vorstellen würde: gedämpftes Licht, warm, schwerelos, kein eigenes Atmen, Essen oder Trinken – eher Ruhen und Warten.

Beim Erreichen des Zeitpunktes von 4 Wochen nach der Zeugung änderte sich die Wahrnehmung: ich war ein Bewußtsein und eine Wahrnehmung, das eine Kugel bildete und über den Bauch meiner Mutter nach allen Seiten hin ca. 10cm hinausragte.

Bei 3 Wochen nach der Zeugung war diese Kugel deutlich größer (Durchmesser ca. 1,5 m) und die Kugel schien um ihren Mittelpunkt zu kreisen, der im Leib meiner Mutter verankert war.

Bei 2 Wochen nach meiner Zeugung war diese Kugel noch größer (Durchmesser ca. 4m) und mein Bewußtsein befand sich wie eine Kugel innerhalb dieser Kugel auf einer Umlaufbahn, wodurch sich eine Art Wirbel ergab.

(Diese Kugel kann man manchmal bei Frauen spüren, die in den ersten drei Wochen schwanger sind.)

1 Woche nach meiner Zeugung war dieser Zustand in etwa genausogroß, nur fühlte sich die Verankerung noch sehr lose an. Zum Zeitpunkt meiner Zeugung befand ich mich in der Nähe meiner Eltern und konnte ihre Gefühle wahrnehmen. Ich habe mich kurz gefragt, ob das jetzt indiskret ist, aber da ich ja in gewisser Weise die Hauptperson bei diesem Ereignis war, beschloß ich, daß das so o.k. ist.

Als ich nun vor meine Zeugung zurückkehrte, sah ich meine Seele in sich versunken in einer schweren, ernsten, fast gedrückten Stimmung und ich habe mich gefragt, ob sich alle Seelen kurz vor der Zeugung ihres zukünftigen Körpers so fühlen. Ich hatte nun das Gefühl, daß Jörg nun neben mich kommen könnte, da ich mich nun außerhalb meiner Erinnerungen als Harry befand und wir nun in dem gewohnten Bereich der Traumreise waren.

Ich frug Jörg danach und als er einverstanden war, sandte ich einen Lichtstrahl von mir zu ihm, um den Weg zu mir zu markieren. Als der Lichtstrahl bei ihm ankam, hatte ich das Gefühl, ich solle ihm entlang des Lichtstrahles meine Hand reichen (nur in der Vision, nicht mit meiner materiellen Hand) und ihn zu mir herüberziehen. Bei diesem Herübergezogenwerden hatte Jörg das Gefühl, durch mehrere Seiten des Ägyptischen Totenbuches gezogen zu werden.

Als er dann neben mir war, betrachteten wir die Seele und Jörg wies mich darauf hin, daß die Seele hier vor einem Platz sitzt, der wie eine Arena wirkt. Auf unsere Fragen an die Arena nach ihrem Wesen erhielt Jörg die Antwort 'Vorbereitung' und ich 'Platz des Schweigens' – also ein Platz der schweigenden Vorbereitung der Seele(-n?) auf ihre nächste Inkarnation.

Auf meine Frage an den Platz des Schweigens, wo ich Informationen über meinen Entschluß zu diesem Leben erhalten könnte, wurde ich von ihm zu einem Ort weit hinter mir verwiesen. Jörg und ich drehten uns um und flogen dorthin. Ich sah eine große, runde Kugel, deren Oberfläche große Schlieren hatte, wie von einer langsam fließenden Flüssigkeit.

„Apatschenträne", sagte Jörg (=Rauchobsidian).

„Paßt gut," entgegnete ich, „in der Steinheilkunde ist der Rauchobsidian der Stein, der einen zu dem zurückbringt, was man ursprünglich einmal gewollt hat. Und die Schlieren in der Kugeloberfläche haben wirklich Ähnlichkeit mit der fließenden Lava, aus der der Rauchobsidian ja entsteht. – Schau mal, da ist ein Raum innen in der Kugel und eine Art Sitz. Ich gehe mal hinein."

„Ich bleibe draußen – der Ort ist nicht für mich zugelassen."

„Ja, das fühle ich auch so."

Auf dem Sitz fühlte ich wieder die Schwere im 'Gemüt' der Seele, die ich auch schon an dem 'Platz des Schweigens' in ihr gespürt hatte. Als ich mich mit meiner Seele vereint hatte und dort in der Kugel auf dem Sitz saß, konnte ich mein Bewußtsein nur nach vorne auf die kommende Inkarnation richten – offenbar war meine Seele ausschließlich mit dem Entschluß für diese Inkarnation beschäftigt. Es gelang mir nicht, konkretere Informationen von ihr über den Grund für dieses kommende (mein jetziges) Leben zu erhalten. Auf meine Frage an meine Seele erschien aber links hinter mir eine Art von Lichtstrahlen, die zu der von mir erwünschten Information hinwiesen.

„Wir müssen noch weiter, Jörg, hier gibt es die Informationen noch nicht."

Wir flogen auf die Quelle dieses Lichtes zu und waren überrascht, ein riesiges, weißstrahlendes Gebäude zu sehen, in dem und vor dem es nur so von ebenfalls weißstrahlenden Menschen wimmelte. Das turmartige Gebäude war weit größer, als alles, was es bisher an von Menschen errichteten Gebäuden gibt. Als wir das Gebäude betreten wollten, spürten wir, daß das für uns verboten ist.

„Nur Tote dürfen das Haus betreten," sagte Jörg, „es sei denn, man erfüllt bestimmte Bedingungen."

„Welche Bedingungen?"

„Weiß ich nicht."

„Wen sollen wir fragen? Den Pförtner des Hauses?"

„Ja, das habe ich auch gerade gedacht."

Vor dem Pförtner-Fenster war ein großes Menschengedränge und es dauerte eine Weile, bis ich zu dem Fenster gelangte und dem Pförtner meine Frage stellen konnte.

„Die Bedingung ist, daß jeder Lebende, der den Grund für seine Inkarnation erfährt, seiner Wahrheit folgen muß."

Als ich Jörg diese Antwort mitteilte, stimmte er mir zu. „Ich habe als Antwort erhalten, daß nach dem Betreten dieses Hauses die Rest-Freiheit, die man aufgrund seiner Unwissenheit hat, verschwindet und man an seinen Entschluß gebunden ist."

Nach kurzem Überlegen beschloß ich, diese Bedingung anzunehmen und teilte dies dem Pförtner mit, woraufhin ich in das Haus eintreten konnte. Jörg sagte mir, er müsse außen bleiben, könne aber in das hineinsehen, da wir auf unserer früheren Chesed-Reise schon einmal in diesem Gebäude, das damals etwas anders ausgesehen hatte, gewesen sind.

„Es ist schon seltsam, wieviele 'Tote' es gibt – das macht man sich normalerweise garnicht so klar … und sie sehen lebendiger aus als die Lebenden." meinte Jörg.

In dem Gebäude waren ebenfalls sehr viele weißstrahlende Menschen. Ich wünschte mich in dem Gebäude an den richtigen Ort und gelangte in einen großen, hohen, länglichen Raum, der an eine gotische Kirche erinnerte. In diesem Raum befand sich im mittleren Drittel (von der Höhe her gesehen) sehr viel Angst. Als ich die Stirnwand des Raumes betrachtete, erschien dort ein großes Bild, wodurch der Raum wie ein Kino wirkte, auf dem ich eine Landschaft vorbeiziehen sehen konnte, die mir bekannt vorkam. Dann kam eine Szene, in der ich meinen Tod in einem meiner früheren Leben, von dem ich bereits einige Visionen gehabt hatte, sehen konnte.

„Schau mal an die Wände", sagte Jörg, „dort sind Gesichter."

Als ich an den Seitenwänden emporblickte, sah ich auch diese Gesichter und ich erkannte sie als meine früheren Inkarnationen, die ich z.T. auf früheren Reisen schon gesehen hatte.

Als ich sie betrachtete und dachte, wieviel Angst hier ist, korrigierte mich eines der Gesichter: „Angst, Gier und Haß!"

Etwas ratlos schaute ich mich um. „Dieser Raum ist nicht nur ein 'Kino', sondern auch eine Bibliothek", meinte Jörg.

Als ich überlegte, wo ich in diesem Raum die Informationen über die Absicht meiner Seele für mein jetziges Leben finden könnte, spürte ich vorne über dem Raum ein großes, helles, weißes Licht, das auch Jörg im oberen Drittel des Gebäudes strahlen sehen konnte und dessen Namen ich spontan als 'Weisheit' erkannte. Das Sprechen mit diesem Licht war sehr einfach und die Antworten kamen sehr klar. Ich wünschte mich hinüber zu dem Licht.

Von außen betrachtet wirkte es fast endlos, von innen her (als ich mich mit dem Licht verbunden hatte), waren seine Grenzen deutlich zu erkennen. Es hatte keine innere Struktur, lediglich diese äußere Grenze, die man aber von außen her fast nicht erkennen konnte.

Ich meinte zu Jörg: „Ich glaube dieses Licht ist die Höchste Form, die ein Lebewesen annehmen kann, das noch abgegrenzt ist."

Als ich dieses Licht nach der gewünschten Information fragte, zeigte es mir eine Stelle an der Wand des Raumes, in dem sich das Licht befand.

„Dahinter liegt das Wissen, die Kenntnis Deines ganzen Lebens."

„Wenn ich die Absicht für mein jetziges Leben erfahren will, bedeutet das, daß ich den gesamten Verlauf meines jetzigen Lebens erfahren werde?"

„Ja."

„Hm, ich glaube, ich überlege mir das noch eine Weile – das möchte ich lieber nicht überstürzen."

Ich bedankte mich und ging wieder hinaus zu Jörg und sagte zu ihm: „Den gesamte Verlauf meines Lebens zu kennen ist ja schon recht merkwürdig – das verändert vollständig die Perspektive."

„Ja, dann verschwindet die Freiheit, so wie der Pförtner es gesagt hat."

„Sie verschiebt sich eher von der Ebene meiner Psyche auf die Ebene meiner Seele."

„Aus der scheinbaren Freiheit oder begrenzten Freiheit während des Lebens wird dann die Freiheit des Entschlusses zu diesem Leben."

„Nun, dazu paßt es auch, daß man durch diese Kenntnis zur Treue zur eigenen Wahrheit verpflichtet wird."

„Gibt es hier noch etwas Wichtiges zu tun, bevor wir zurückkehren? – Ich glaube, da vorne links ist etwas, wo wir noch einmal hinsollten."

Wir kamen zu einem Art Teich oder Brunnen, der von einer gut kniehohen Mauer umgeben war und in dessen Mitte sich eine weitere kleine, kreisrunde Mauer befand.

Ich frug: „Wie heißt der Ort?"

Ich sagte Jörg, was ich gehört habe: „Ich bekomme als Antwort 'See der Erinnerungen'."

„Was sollen wir hier?"

„Die Hand hineinhalten oder davon trinken."

„Eine Münze hineinwerfen."

„Es scheint also um eine symbolische Kontaktaufnahme zu gehen. Und es scheint wichtig zu sein, daß nicht nur einer von uns, sondern daß wir beide den Kontakt aufnehmen."

Also beugten wir uns beide über das Wasser und nahmen Kontakt auf. Ich sah einen Drachen im chinesischen Stil und Jörg Kriegsszenen. Als wir uns darüber austauschten, wechselten die beiden Szenerien zwischen uns.

(Wir scheinen also wieder in Geburah zu sein.)

Ich sagte zu Jörg: „Da es für uns beide wichtig zu sein scheint, laß uns hineingehen."

„Na, gut."

Die Szene wurde sofort deutlicher und wir standen vor einem Drachen, der uns in sein Feuer hüllte.

„Das Feuer bedeutet einen Segen mit Stärke, Jörg."

Ich legte eine Hand auf die Schuppen des Drachen und fühlte die glattgescheuerte, glänzende Hornschuppe und die länglichen Erhöhungen und Grate auf ihr und sagte verwundert: „Komisch, ich habe noch nie einen Drachen angefaßt."

Dann mußte ich fast lachen, als mir bewußt wurde, was ich da gesagt hatte.

Nach einer Weile kehrten wir dann nach oben vor den Brunnen zurück. Dort spürten wir, daß es wichtig ist, in diesem Fall genaudenselben Weg zurückzukehren, den wir gekommen waren.

Was wir dann auch taten.

Die Akashachronik, der Saal der Erinnerungen an die früheren Inkarnationen ist eine detailreiche Variante des Erlebnisses, das bisweilen bei der Reise zur Mitte auftritt: die Personen, die ihre eigene Seele gefunden haben, gehen manchmal noch weiter bis sie zu einem Kreis von Menschen kommen, die dieser Person wie Brüder und Schwestern erscheinen – wobei diesen Personen nur in den seltensten Fällen sofort deutlich wird, daß dies ihre eigenen Gestalten in früheren Inkarnationen sind.